你只是看起来爱孩子

邓伟翔 /著

北京日报出版社

图书在版编目（CIP）数据

你只是看起来爱孩子 / 邓伟翔著 . -- 北京 : 北京
日报出版社 , 2023.6

ISBN 978-7-5477-4461-1

Ⅰ . ①你… Ⅱ . ①邓… Ⅲ . ①家庭教育 Ⅳ . ① G78

中国国家版本馆 CIP 数据核字 (2023) 第 007319 号

你只是看起来爱孩子

出版发行：北京日报出版社

地　　址：北京市东城区东单三条 8-16 号东方广场东配楼四层

邮　　编：100005

电　　话：发行部：（010）65255876

　　　　　　总编室：（010）65252135

印　　刷：香河县宏润印刷有限公司

经　　销：各地新华书店

版　　次：2023 年 6 月第 1 版

　　　　　　2023 年 6 月第 1 次印刷

开　　本：710 毫米 ×1000 毫米　1/16

印　　张：13.5

字　　数：190 千字

定　　价：58.00 元

陪伴是对孩子最好的爱

我们的人生路虽然很漫长，但关键的地方却只有那么几步，比如高考，可以决定你能不能上大学，以及上什么样的大学，能够学到哪些知识；比如就业，可以决定你每天从事什么工作，以及获得多少收入，面对什么样的老板；比如结婚，可以决定你每天跟谁一起吃饭，跟谁一起聊天，跟谁一起出游……可以说，如果我们把这关键的几步路都走好了，那么我们的一生大概还是比较幸福的。当然了，还有非常关键的一步，就是生孩子，这是我们大多数人都要面对的，尤其是女人，当妈妈会是一种很特别的体验。然而，生孩子却不像高考如何填报志愿、就业如何选择单位、结婚如何选择对象那么简单，因为我们没有办法选择要生一个什么样的孩子。我们唯一能做的，就是毫无条件地接受孩子，并给予孩子全部的爱。而我们对孩子的养育方式，也决定了我们的人生是圆满的还是缺憾的，是成功的还是失败的，是幸福的还是痛苦的。

在对孩子的养育过程中，其中关键的一步就是陪伴孩子。当然，这一步会有一定难度，而且会因为我们选择了陪伴孩子而失去一些重要的东西，比如工作、晋升、旅行，等等。但是，请相信，在陪伴孩子这件事上，我们所有的用心，所有的付出，所有的努力，最终都会得到回报。

我们都有过这样的经验，当我们为学习付出时，除了获得知识的回报，还可以得到同学的敬佩和老师的青睐；当我们为工作付出时，除了得到金钱的回报，还可以得到同事的认可和老板的赞赏。同样，当我们为孩子付出时，除了获得孩子的信任，成为孩子的榜样，还可以为孩子幸福的一生奠定坚实的基础。更何况，培养孩子的过程，也是自我培养和自我修炼的过程。

心理学家普遍认为，一个人的性格特征，很大一部分是在童年时期形成的。比如，奥地利心理学家阿德勒就曾经说过："幸运的人一生都被童年治愈，不幸的人一生都在治愈童年。"而现代心理学也已经发现，一个成年人身上大部分的问题，基本上都可以从他的童年生活中找到答案。为什么童年时期的生活对一个人的影响那么大呢？其实原因很简单，因为童年时期的孩子心灵最为敏感，塑造性也最强，所以在这个时期所接受的事物，都会先入为主地占据主导地位。因此，可以这样说，当孩子结束他的童年时期时，父母的整个教育实际上就已经完成了。在今后的人生路上，父母只需要站在孩子的背后，看着他走向远方就可以。

而从养育的角度来看，最为关键的则是婴儿时期。因为每一个孩子在刚出生的时候，他的心灵都是很纯净的，大脑虽然在快速发育，却也是一片空白。也就是说，每个孩子在他刚刚来到这个世界的时候，都如同一张白纸，没有受到任何污染。然而，随着孩子的不断成长，他的心灵会形成一种观念，他的大脑也会形成一种思维，而这些观念和思维在我们认为孩子还什么都不懂的时候就已经悄无声息地形成了。这是教育最难把控的地方，也是教育最简单的地方。之所以最难把控，是因为很多父母往往被孩子"什么都不懂"的表象所迷惑，白白错过了启蒙的最佳时机；之所以最简单，是因为只要父母们掌握了这个规律，就可以轻而易举地在孩子纯净的心灵中输入一种正能量，奠定孩子健康成长的基础，并在孩子快速发育的大脑中开发出无限的潜能，让孩子拥有超群的智力。

当然，在孩子成长的过程中，他们的身上总会有各种各样的不足，总会有这样那样的毛病，而聪明的父母恰恰以此来观照自己，并不断修正自己，让自己不断完善起来，成为孩子人生路上合格的领路人。而这种自我修正的最佳时机，就是在孩子的童年时期，因为孩子对父母的模仿，正是从这个时期开始，并逐渐养成习惯的。好的习惯会让孩子终身受益，也会让父母幸福一生；坏的习惯会让孩子终生烦恼，也会让父母痛苦一生。而一些习惯的养成，最多只需要 3 年的时间，3 年之后，便习惯成自然。

幼儿教育专家普遍认为：孩子在童年时期所接收到的信息量，是今后人生的总和。所以，在孩子的童年时期，如果我们能够好好地陪伴，并细心观察孩子在成长过程中的一些细节上的变化，我们就会发现，孩子给我们带来了太多的惊喜，同时也让我们见证了更多的奇迹。

相信多年后，你一定会体会到：你不会因为自己陪伴孩子而后悔，只会因为错过了陪伴孩子的成长而后悔。那就让我们从现在开始，放下那些不必要的应酬和娱乐，走进孩子的世界吧！只要我们破译了孩子的心灵密码，我们就会发现，孩子已经等我们很久了，同时也让我们更加明白，什么才是真正的爱！

请相信，陪伴的过程，就是心与心的交流，就是爱与爱的流淌，就是情与情的相依……同时，也是对彼此最好的成全！

目 录

第六章　真的爱孩子，就让孩子玩个痛快

第七章　真的爱孩子，就给孩子一个富裕的未来

第八章　真的爱孩子，就要让孩子学会独立

第一章
溺爱是一个温柔的陷阱

　　对于独生子女的家庭来说，大人们最容易犯的一个错误就是溺爱孩子，尤其是爷爷奶奶、外公外婆，更是时时刻刻、无原则地"爱"孩子。而孩子在这种"爱"的影响之下，往往会变得自私自利、性格暴躁。这样的孩子，长大后大都很难适应社会的生存规则，于是很多父母便发出"独子难教"的感慨。的确，对于孩子的溺爱，几乎已经成为每个独生子女家庭的通病了。那么，如果有多个孩子，家长是不是就不会溺爱了呢？也不尽然，因为对于自己的孩子，每个正常的父母都会产生发自内心的爱，尤其是觉得其中的一个孩子更像自己时，就会爱得更多一些，也会更宠一些，这也是一种溺爱。其实，不管是对于独生子女来说，还是对于多个孩子来说，溺爱都是一种伤害，尤其对于有多个孩子的家庭来说，溺爱还会产生双重的危害，一方面是受到溺爱的孩子会被宠坏，另一方面是引起其他孩子的忌妒和怨恨。

满足孩子的一切要求

"张博士，我实在是太郁闷了！我们家的孩子，我对他那么好，不管他提出什么要求，我都尽量满足他。为了他，我甚至放弃了高薪的工作，在家里当起了全职妈妈，精心照顾他的生活。但他却从不把我的付出当回事，而且从来没有满足的时候。我应该怎么办呀？"

在一家心理咨询机构里，王女士正对着接待她的张博士倾诉自己的苦恼，并急切地寻求解决方法。在交流中，张博士得知，王女士曾经是一家上市公司的高管，自从生了孩子之后，就辞职在家当起了全职妈妈，一心相夫教子。然而，她的所有付出，却没有得到任何回报。孩子现在刚上小学，极其顽劣，只要带他出去，见了什么好的东西都想买，但买完后很快就厌倦了。更让王女士伤心的是，孩子非但不关心她，还不断地埋怨她，只要遇到不顺心的事，要么哭闹，要么摔东西。丈夫对此也很不满意，说她把孩子惯坏了。

张博士了解了这些情况后，便对王女士建议："可以看出来，您相当爱自己的孩子，只是在爱的方式上，出了点差错。这样吧，您回去后给孩子定一个规矩，告诉他以后什么东西可以买，什么东西不可以买，都由您说了算。而且，对于孩子提出的要求，您心里一定要清楚，哪些可以满足，哪些不可以。这一点，您心里一定要有底线，而且必须坚守住这个底线。"

一个月后，王女士特意给张博士打来电话道谢，并分享了自己这个月的经历和心得：刚开始的时候，孩子看到向来"听话"的妈妈突然"造反"

了，也十分生气，并继续用哭闹和摔东西的方式来威胁，但王女士始终不为所动。在坚持了一个星期之后，孩子终于逐渐妥协，并愿意听妈妈的话了。最后，王女士还是忍不住说出自己的疑惑，为什么在自己"最爱"孩子的时候，孩子不把她当回事，而在她向孩子"宣战"之后，却赢得了孩子的尊重。

张博士听了之后，笑了笑，对王女士说："爱子之心，人皆有之。老牛都有舐犊情深的举动，更何况是作为万物之灵的人类呢？而人类与动物的主要区别在于，我们人类对于自己孩子的爱，除了通过物质上的照顾，让孩子拥有健康的身体外，更要通过精神上的教育，让孩子拥有健全的人格。"

听张博士这么一说，王女士终于明白了，自己对孩子的溺爱，尤其是毫无节制地满足孩子的所有要求，不但苦了自己，也害了孩子，真是何苦来哉！

从这个案例中，我们可以看出王女士对自己孩子的爱有多深，否则她也不会辞去高薪工作，甘愿当一个全职妈妈。只是王女士在对爱的表达方式上，却像大多数年轻的父母一样，陷入一个误区，以为只要自己毫无条件地满足孩子的所有要求，孩子就会感恩自己，并以同样的爱来回报自己。但结果却恰恰相反，自己付出得越多，孩子越不满足。为什么会这样呢？因为毫无条件的满足，只会助长孩子的贪心，而贪心就是一个无底洞，是永远也填不满的。所以，当我们为了爱孩子而毫无保留地付出时，到底有没有想过，我们实际上是在助长孩子的贪心呢？

十多年前，曾经有一个新闻轰动了整个社会。有一位女孩，从16岁开始痴迷于追星，为了见到自己的偶像，她辍学在家，每天只干一件事，就是搜集偶像的行程。而孩子的父亲，为了满足孩子的追求，不但卖房卖肾，还借了很多外债。最后，在女孩终于如愿与自己的偶像见面时，不堪重负的父亲在绝望之下，留下了长达 7 页的遗书之后，在一处码头跳海自尽。

在这个事件中，社会舆论几乎一边倒地谴责那位女孩，说她为了满足自己的欲望而"逼死"了父亲。但从另一方面来看，做父亲做到这个份上，不是太失败了吗？如果他在一开始就能够制止孩子，即使制止不了，也坚守自己的底线，又何至于把命也给搭上？而他自己选择的解脱方式，却又将自己的孩子置于舆论的风口浪尖上，这到底是爱孩子，还是害孩子？

其实，类似这样的案例还有很多。然而，我们在"可怜天下父母心"的同时，是否更应该清醒地看到，可怜的父母必有可恨之处？而这个可恨之处，不是别的，恰恰是他们对孩子泛滥的爱，以及在这个理由之下助长孩子贪欲的各种行为。

当然了，每个孩子都是父母的宝贝，这一点是没有错的，孩子的一些正当要求，父母当然也要满足，尤其是对于孩子身心成长的需要，更应该及时满足。但是，正可谓过犹不及，如果我们对孩子的照顾过于无微不至，对孩子提出的要求百依百顺，这种泛滥的爱，会让孩子误认为自己就是整个世界的中心，自己想要得到的一切，都应该毫无条件地得到满足。这对孩子的成长来说，是十分有害的，甚至是危险的。有的父母可能会认为随着孩子慢慢长大，等他懂事了，自然就会明白了。但事实上，随着孩子慢慢长大，他的胃口会越来越大，家长也越来越无法满足他的要求，越来越感到力不从心，最后往往把自己逼上绝路，这是非常可悲的！

所以，如果你现在还是整天围着孩子转，甚至全家人都在想方设法满足孩子各种各样的要求，那就不妨设想一下：如果有一天，你无力再满足孩子的要求，而孩子的要求却越来越多时，你该怎么办呢？其实，很多事情，决定结果的，往往在于开始。教育孩子，同样是如此！

纵容孩子的过错

周末，晓月的爸爸和小玲的妈妈各自带着自己的女儿在小区里玩耍。正玩得兴高采烈时，晓月突然猛地推了一下自己的玩伴小玲，小玲一个趔趄坐在了地上，大声哭起来："妈妈，她打我！"小玲的妈妈什么也没有说就把小玲扶起来了。心想，小孩子在一起玩，推推撞撞是常有的事，也没什么大不了的。她这样安慰自己，同时也在心里想，对方的家长总该管管自己的孩子吧！果然，晓月的爸爸开口了："你家孩子不行呀，这么软弱，等以后上幼儿园，肯定要受别的小朋友欺负的。"小玲妈妈没想到晓月的爸爸不但没管自己的孩子，反而还说她的孩子太软弱，一股怒气马上往头上冲，但她并没有跟晓月的爸爸吵架，只是一句也不说，拉起小玲的胳膊就走了。从此以后，小玲妈妈再也不让小玲和晓月一起玩了。

再说晓月，刚开始觉得很自在，因为不管她在外面闯多大的"祸"，父母都袒护她，都认为她没错。然而，渐渐地她却被小区里的小朋友孤立起来了，不管她想跟哪个小朋友玩，那个小朋友都会自觉地走开，根本不理会她。

在这个案例中，我们不难发现，晓月的爸爸是在有意袒护自己的孩子。他亲眼看到自己的孩子对小伙伴进行攻击，不仅不加以阻止和教育，却反过来说别人的孩子太软弱，这样不仅得罪了人，自己的孩子也没有得到及时的教育。晓月的错误反而被坚持下去了，她会在心里认为自己打人是正确的，因为她从父亲的话语里听出了支持和赞赏，并且在以后和小伙伴们相处时把自己的这种攻击行为坚持到底。毫无疑问，长久这样下去，不是给父母招惹是非，就是在霸道中孤立了自己，有几个小朋友能和她长久和睦地相处下去呢？

事实上，袒护孩子的过错，是教育孩子过程中的一大忌讳，任何有眼光，有一定理智和判断力的父母都不会这样做。但很多父母为了掩盖自己教育子女的失职，为了推卸因为自己孩子的过失而带来的一些责任和后果，往往明知是自己孩子的过错，却还是当着"受害人"的面极力为自己孩子辩解，极力帮助孩子掩盖，甚至指责别人的不是，结果让孩子在错误的道路上越走越远。

有一个母亲非常疼爱她的儿子。有段时间，她发现儿子在夜里总会偷偷地出去，她觉得很奇怪，问他到底干什么去了，他又不承认，说妈妈可能是做梦了，自己从来就没有出去过。有一天夜里，这个孩子再次出去，回来的时候被妈妈撞见了，手里还拿着一些不是自己家里的物品。孩子很不好意思地进屋了，可是妈妈却什么话也没有说。第二天，附近的邻居们纷纷说自己家里有东西丢失，互相提醒要注意小偷。有的邻居还好心地提醒这个妈妈："有人看见那个小偷年纪很小，就和你家孩子差不多的个头。"她立即很警觉地说："我家孩子每天晚上都在家里睡觉，连门都没有出过。"就这样，她不仅没有及时管教自己的孩子，还替他打掩护。

几年后，她的儿子在一次持刀抢劫时，在打斗中把人砍死，他理所当然受到了法律的惩罚。临刑前，这个母亲悲哀地哭泣着，他的儿子说有一件事要对妈妈说，她便走了过去，靠近了儿子。这时，人们突然听见一声惨叫，原来儿子咬掉了母亲那只靠近他的耳朵。"我恨死你了！你作为妈妈，为什么第一次撞见我偷东西的时候不制止我？如果你当时制止我，并教育我，我能落到今天这个地步吗？"儿子对着妈妈歇斯底里地喊着。

相信很多人都听过这个故事，可是除了纷纷指责那个儿子如何不孝之外，又有几个人能够从中听出其中的寓意呢？当孩子犯错误时，很多父母为了维护自己的尊严，选择为孩子掩饰，结果既害了孩子，也害了自己。所以，作为父母，我们一定要及时行动起来，帮助孩子改正那些影响他成长的错误。否则，等这种错误的习惯养成之后，想改就难了。

不立规矩，不愿管教

"你看这孩子，又欺负别的孩子了。"小波的家长又被秦老师请进了熟悉的办公室。上一次，小波是欺负低年级的同学，要一个男生把自己新买的帽子让他戴几天，否则就要让男孩尝点"苦头"；这一次，小波把坐在自己前面的女同学的头发偷偷剪下了一小绺，害得女同学哭了半天，女同学的家长为此还专门到学校来讨要说法。

"我们家小波就是淘气些，爱争强好胜。"孩子的母亲一边给秦老师赔着不是，一边自我检讨："主要是我们家长没有管教好。"对于这样一个劲儿认错的家长老师还能说什么呢？在让孩子做了检讨之后，秦老师就让家长走了。但是没过两个星期，这个小波又惹出很多事情来。秦老师实在不明白，这孩子到底怎么了？怎么多次教育都没有效果呢？情急之下，秦老师决定对小波进行家访，看看小波的家庭环境。

进了小波家所在的小区，秦老师正在打听小波家的具体位置，一个阿姨知道她是小波的老师，就悄悄诉苦说："这个孩子从小就喜欢欺负人，但是他的父母还以为这是好事，觉得孩子这样以后不会吃亏。我们小区的很多孩子都受过他的欺负，我孙子见了他就躲着走。"秦老师这才明白，小波爱欺负别人，原来是父母默许的。

到了小波家里后，小波的妈妈和奶奶热情地接待了秦老师。秦老师并没有直接说小波近期在校的一些不好的表现，只说是正常的家访。在谈到孩子爱打架这件事时，小波奶奶说的一番话引起了秦老师的注意。小波的奶奶说："现在的社会竞争多激烈啊，要是太软弱和老实，就容易受欺负！你看我们隔壁的孩子，就是因为太老实了，上学的时候总是受同学欺负，现在结婚了，还要看媳妇的脸色。所以人不能太老实，否则容易受欺负，什么事情都吃亏……"秦老师听了老人的这番话后，心里很不是滋味，同时也明白了小波屡教不改的真正原因。

像小波奶奶那样，把孩子欺负人当成是强势的表现，这种错误的观念，在现实生活中其实并不少见。而在这种错误观念下成长的孩子，虽然当时占到一点小便宜，但日后却往往为自己的错误行为付出了惨重的代价。

网上曾经流传过这样一个案件：

刚上初中的小张，从小父母就离婚了，他跟着父亲生活。由于缺少家人管教和监督，小张养成了很多恶习，包括爱欺负人、爱拉帮结伙、爱打群架。对此，他的父亲不仅不加以管教，还得意扬扬地认为自己的儿子有本事，善于竞争。小张的父亲开了一家饭店，遇到有顾客吃饭赖账或者说饭菜做得不好时，小张就会带着几个伙伴把顾客给狠狠地揍一顿。有一次，一位顾客说菜里有一只苍蝇，要求小张的父亲减免菜钱。小张正巧暑假无课，在饭店里帮忙，听到顾客的要求后，便拿着刀要给这个顾客点颜色看，吓得顾客赶紧买单走人。因此，前来饭店吃饭的人越来越少了，当然来吃饭的人也没有敢挑刺的了。小张的父亲却觉得自己的儿子很有能耐，自己很有面子。所以当有人善意地劝他要好好管教孩子的时候，他却很不高兴地说："我儿子能欺负人是他有本事，总比没本事受别人欺负好。"就这样，一直到小张在一次打人事件中把别人打成伤残，被警察抓捕并判刑的时候，小张的父亲都没有认真地管教过自己的孩子。

这就是"有能耐"酿成的悲剧。那么欺负别人究竟是不是有能耐呢？其实，真正的有能耐，不是欺负别人，而是团结一切能够团结的力量，并激励大家为了共同的目标而奋斗，而不是逞强，更不是为了一点蝇头小利而斗得你死我活。一个孩子的成长，正如古人说的那样："没有规矩，不成方圆。"从小没有规矩的孩子，长大之后是很难走正路的。而要让孩子有规矩，父母必须进行适时的管教。

当然，要管教好孩子，父母一定要以身作则。

我国教育家张伯苓，1919 年之后相继创办南开大学、南开女中、南开小学。他十分注重对学生进行文明礼貌教育，并且身体力行，以身作则。

一次，他发现有个学生手指被烟熏黄了，便严肃地劝告那个学生："吸烟对身体有害，要戒掉它。"没想到那个学生有点不服气，俏皮地说："那您吸烟就对身体没有害处吗？"张伯苓对于学生的责难，歉意地笑了笑，立即唤助理将自己所有的烟全部取来，当众销毁，还折断了自己用了多年的心爱的烟袋杆，诚恳地说："从此以后，我与诸同学共同戒烟。"果然，打那以后，他再也不吸烟了。

在美国的加利福尼亚，有一位女士养了一只珍贵的鹦鹉。这只鹦鹉非常美丽，可是它却有一个坏毛病：经常咳嗽且声音沙哑难听，好像喉咙里塞满了令人作呕的痰。女主人十分焦虑，急忙带它去看兽医，生怕它患上了什么呼吸系统的怪病。

检查结果表明，鹦鹉完全健康，根本没有任何毛病。女主人急忙问起为什么鹦鹉会发出那种难听的咳嗽声，医生回答说："俗话说，鹦鹉学舌。它之所以发出咳嗽声一定是因为它经常听到这样的声音，你们家是不是有人经常咳嗽？"

这时，女主人有些不好意思起来。原来，她自己有抽烟的习惯，所以经常咳嗽，鹦鹉只不过是惟妙惟肖地把女主人的咳嗽声模仿出来而已。

看完这两则故事，家长们会有什么想法呢？或许我们平时已经习惯了批评孩子，或者埋怨孩子不听话，却往往忽略了孩子其实只是我们的"影子"。要知道，只有"身子"正了，才不怕"影子"歪呀！

把缺点当成优点

游乐园的滑梯上，小朋友们玩得正开心，一会儿爬上去，一会儿滑下来，笑声和尖叫声混合在一样，热闹非凡。在滑梯下的家长们，也和孩子一起兴奋地叫起来。

在玩耍的孩子中，却有一个小男孩在滑梯顶上小心翼翼地来回慢慢地走着。他已经爬上了滑梯，可是却迟迟不敢往下滑，他只是抓住滑梯的栏杆，在滑梯上平坦的地方不断地徘徊着、犹豫着。"下来呀！滑下来呀！勇敢些！"小男孩的爸爸在滑梯下面给小家伙鼓劲、壮胆，可是小男孩就是不敢滑下来。爸爸无奈，只好长叹一口气说："哎，真胆小！"然而，孩子的妈妈却不这么认为，她美滋滋地说："咱们的孩子不是胆小，是谨慎！你看他置身于这么多的小朋友中间，周围那么热闹，他却能镇定自若地走来走去，若有所思的样子，多像一位指挥若定的大将军啊……""我看他不当逃兵就不错了!"孩子的爸爸不耐烦地打断了妻子的遐思，不满地说道。周围的人听到这对夫妻的对话后，也纷纷笑了起来。

这就是母亲，在大家都明白小男孩是个胆小的孩子，需要鼓励的时候，她却偏偏把孩子说成是镇定自若，这种为孩子掩饰缺点的教育方法，实在无异于掩耳盗铃。

我们知道，世上没有十全十美的人，每个人都存在这样或那样的缺点。或者胆小如鼠，或者狂妄自大，或者好吃懒做，或者爱占小便宜，或者爱欺负人……因此，想要把自己的孩子培养成为十全十美的人，那是不可能的。但我们却可以找出那些制约孩子成长和发育的缺点，并帮助孩子改正那些缺点，不断地完善自我。

然而，很多父母却往往被舐犊之情蒙蔽了双眼，不能正确地对待孩子的缺点，甚至有意无意地为孩子掩饰缺点，这实际上是害了孩子，阻碍了孩子的进步和发展。就如上面小故事中那个胆小男孩的妈妈一样，不仅无法帮助孩子改正缺点，反而会帮他强化缺点、巩固缺点，甚至阻碍别人帮助自己的孩子改正缺点。这对孩子来说，危害是很大的。

在美国的黑人区，有这么一个真实的小故事：有一个叫哈里的小男孩，他的父母都是黑人，他当然也是个黑人。哈里的邻居们也都是黑人。很多美国白人都瞧不起黑人，甚至一些白人小孩也会欺负黑人小孩。哈里长得又小又瘦，他最害怕那些盛气凌人的白人孩子了。可是随着他的长大，他就要离开父母单独去做一些事情了，这对他来说是一件很可怕的事。有一天，他的妈妈给了他一些钱，让他到杂货店去买一些物品回来。哈里胆战心惊地出去了，他溜着墙根走，心里祈祷着千万别碰到那些白人小孩。然而很不幸，他还是碰到了他们。他们带着坏笑向哈里走过来，哈里吓得扔下篮子就跑回家去了。哈里的妈妈什么也没有说，重新给了他一些钱和一个篮子，又把他打发出去了。很快哈里又回来了，与前一次不同的是，这次哈里除了手里的钱和篮子不见了，还带着满脸的伤痕。哈里的妈妈还是什么都没有说，再次给了他一些钱和篮子，又把他打发出去了，只是这次临出门的时候，妈妈给了他一根大棒子。

那群刚刚欺负哈里的白人小孩还在老地方待着，他们第 3 次看到哈里的时候，又围了过来。但哈里这一次再也没有后退或逃跑，他抢起自己手里的大棒子，对着迎面而来的白人孩子疯狂地乱打起来。虽然哈里是那么弱小，而且人单势孤，可是不一会儿，那些高傲的白人孩子就被狂怒的哈里打得抱头鼠窜了。这一次，哈里不仅买回了妈妈要的物品，也买回了胆量。从那以后，他开始挺胸走在美国的任何一条路上。

毫无疑问，小哈里正是受到妈妈的启发，才从胆小向勇敢迈出关键的一步。那么作为 21 世纪的父母，我们究竟怎样做，才能像哈里的妈妈一样及时发现孩子的缺点，并且帮助孩子改正缺点呢？

首先，要在思想上承认人无完人，自己的孩子绝对不是没有缺点的孩子。只有从思想上真正认识到这一点，才不会只看到孩子的优点，更不会把孩子的缺点看成优点，才能正视孩子的缺点，并运用生活中的一些细节帮助孩子改掉缺点。

其次，是看自己的孩子和周围同龄孩子的差距。这是最直观、最省事、最有效的发现孩子缺点的方法。当别的孩子踊跃地做某一件事情的时候，您的孩子却有意无意地落在后面；当别的孩子与小伙伴打成一片时，您的孩子却孤家寡人般地独来独往；当别的孩子慷慨地与别人分享玩具的时候，您的孩子却把学校或幼儿园的玩具偷偷带回家；当别的孩子成群结队地出去郊游时，您的孩子却一个人沉浸在网络游戏之中……那么您该注意到了，您的孩子是否有性格上的消极、孤僻、自私，或上网成瘾等缺点呢？如果您发现了，那就行动起来吧，为时还不算晚！

对孩子过度呵护

现在的孩子，大多数是在蜜缸里泡大的，不知道什么叫作生活的酸甜苦辣，因此当他们遇到生活中的一点点不如意、不顺心，或者是一些小挫折时，就会怨天尤人，甚至大哭大闹。更有甚者，有的孩子小小年纪竟然患有抑郁症。归根结底，都是温柔惹的祸！

温柔能惹祸？对孩子温柔不好吗？很多年轻的父母也许会有这样的疑惑。其实，作为父母，给予孩子必要的关心、照顾和体贴是应该的，而且是必须的。然而，很多父母对孩子的温柔可谓是"三千宠爱在一身"，为了孩子可以疏远所有的亲戚和朋友，甚至为了孩子连夫妻之间的感情也变得越来越淡。这实际上已经远远超过了孩子需要的那份温柔。这样一来，只会让孩子像温室里的花朵，经受不住任何风吹雨打。这种对孩子溺爱的行为，实际上无异于亲手为孩子挖掘一个温柔的陷阱，表面是为了孩子好，事实上却害了孩子。

有一对双胞胎姐弟，今年已经3岁多了。弟弟刚生下来时只有4斤重，母亲潘女士对瘦弱的儿子充满爱怜。为此潘女士让保姆带女儿，自己亲自带这个瘦弱的儿子。潘女士整天抱着儿子，即使是上卫生间也抱着。不仅如此，潘女士对儿子更是百依百顺，要啥给啥，连平时说话都是慢声细语，生怕吓到孩子似的。对儿子提出的要求，她的口头禅更是"好好好、是是是"。在潘女士的精心抚育下，这个孩子长得的确不错，身体也越来越结实强壮。

可是弟弟既任性又蛮横，脾气也十分暴躁，总是欺负姐姐。遇到好吃的东西，为了不让姐姐沾边，甚至大打出手，很多次还抓破了姐姐的脸。上了幼儿园后，弟弟更是整天欺负小朋友，不是抓破小朋友的脸，就是抢走小朋友的东西，有一次甚至把一碗饭故意倒在一个小朋友的头上……面对来自其他父母的声讨和老师的指责，心力交瘁的潘女士在朋友的指点下，带着孩子来到医院检查，结果发现孩子的身体很健康，根本就没有什么大脑或者神经方面的异常。

潘女士只好又带孩子到心理诊所，心理医师在和潘女士进行了一番交流后，对潘女士说："是因为你对孩子过度温柔和呵护，才让孩子变成这样的呀！"

"怎么可能？我所做的一切都是为他好呀！"潘女士满脸的迷惑不解。

心理医师进一步解释说："的确，你的出发点是好的，而且孩子也一直沉浸在这种被妈妈呵护的幸福中，但这种过度的呵护让孩子误认为所有的人都必须呵护他，对他十分温柔，一旦有什么不如意的地方，他的情绪就很容易失控，这是必然的。"

对孩子过度温柔不仅影响孩子良好性格的形成，更可怕的是，对孩子过度温柔，还有可能会让孩子患上抑郁症。科学研究表明，忧郁的性格与缺乏父母的爱有密切关系，但极度宠爱也会让孩子产生和严重缺少父母关爱相似的后果。因此专家建议，父母要尽可能调节好自己的心态，克制自己泛滥的舐犊之情，该放手时就放手，这样才能让孩子健康地成长。

对孩子过度温柔，还会造成孩子对亲人感恩心理的缺失。在父母那里轻而易举地得到温柔呵护的孩子，会认为自己生来就是享受父母的爱和呵护的，而自己则没有报答父母的责任和义务。因此，只要父母做得稍微不合自己的意愿，他们就会感到很委屈，或者很气愤。甚至当自己的要求或欲望没有得到满足时，就会翻脸不认人，对父母动辄呵斥，甚至辱骂。

不久前，曾经有这样一则新闻报道：有一个孩子仅仅因为自己过生日时向妈妈要钱买项链没有被满足，就当众大骂自己的妈妈。其实，孩子这种感恩心理的缺失，罪魁祸首往往就是父母自己。因为平时对孩子过分温柔和照顾，使得孩子陷入温柔的陷阱，不知道感激父母的辛劳和付出，当自己的要求得不到满足时，就开始"教训"和"埋怨"父母，却不知道自己错在哪里，更不懂得反思、反省。

生孩子是母鸡都能做的事情，而教育孩子则需要一定的本领。为人父母者，在为儿女无私奉献的同时，更应该学会教育孩子的本领，这样才能让孩子茁壮成长。

过分注意孩子的感受

"月月，该喝牛奶了，一定要吃点面包，这样钙吸收得好！""月月多穿些衣服，今天温度有些低。""下午放学别站到门口，太冷。我到教室去接你。"……这是月月起床后爸爸妈妈必定叮嘱的话。

"月月，这是你最爱吃的大闸蟹，这是你爱吃的红烧肉……多吃些。"这是饭桌旁的月月。

"月月呢？月月快来看，奶奶给你买什么了？……"奶奶刚进门就找月月。

"月月，这是给你买的玩具；月月，这是给你买的裙子；月月，这是给你买的……"爸爸刚从外地出差回来就找月月。

……

这就是月月，这就是被全家人捧在手心里的月月。爸爸妈妈时刻关注她的一切，穿衣、吃饭、睡觉，可谓是面面俱到，毫无遗漏。爷爷、奶奶、叔叔、阿姨等亲人，也是一进门就找月月。有时候大家还坐成一个圈，让月月唱歌跳舞表演节目，他们一个劲儿地夸月月歌唱得好，舞跳得美，掌声不断，奖励也不断。所有的这一切，让月月忘乎所以，觉得自己就是骄傲的"小公主"。

其实，月月只是我们无数个孩子中很普通的一个小姑娘，但却在父母及亲人的呵护下，过着众星捧月、高高在上的生活。

这让我们想起几十年前家长对待孩子时经常犯的错误，不是当众批评就是动辄呵斥，于是有人呼吁要保护孩子的自尊心；学校作业太重，于是有人呼吁教育改革，喊出了"请注意孩子的感受"的口号。而最近几年来，面对着孩子们各种优越的待遇，"不要过分注意孩子的感受"又成为当代教育家新的口号了。

为什么时至今日，对待孩子的教育会有如此大的变化呢？那是因为我们的情况变了，孩子开始变成家庭生活的重心。因此，家长过分注意孩子的感受已经成为目前大多数家庭的现状。而在这种条件下，孩子的教育却出现了许多不如意的地方，如，一切以自我为中心、过分要求父母、责任感缺失、蛮横无理，等等。孩子所养成的这些毛病，与父母对孩子的过分关注有很大的关系。

另外，由于父母对孩子过分关注，过分注意他们的感受，也会束缚孩子的精神世界，让孩子失去了发展合群性的机会。

下面，我们再来看一个例子。

小利是一个可爱的孩子，在他半岁大的时候，父母就过分注意他，拿好玩的东西给他，经常抱着他，不停地抚摸他，一切都以小利的喜怒为指挥棒。随着小利渐渐长大，他们也对孩子更为重视了，小利说想吃什么，哪怕是深夜，父母也会跑老远的路给他买回来。然而，当小利长到 4 岁时，却仍然不愿意和熟人打招呼，也不愿意和小伙伴在一起玩耍，整天依偎在父母的怀中。

小利 6 岁了，开始上小学了，但小利还是不愿意和同学交往，而是一个人独来独往。开始的时候，小利的父母以为这样也没有什么不好的。但没过多久，父母却发现小利不但不能很好地和同学相处，还经常和同学们争吵，甚至对同学大打出手，最后被同学们孤立了。老师也不断向小利的父母反应："这孩子太自我了，好像所有的人生来都得为他服务，老师的话他也根本听不进去。"

小利的父母开始头疼了，他们不知道自己的孩子到底在哪方面出了问题。他们很不解，自己这样关心孩子的成长，怎么会出现这样的问题呢？

事实上，正是小利父母对他的过分关注，把他当成"小皇帝"一样捧着，使得小利养成了骄傲自大的性格，他觉得自己很了不起，没有必要和别人交往。他甚至对父母说："他们不来找我玩，难道我去找他们玩？他们不对我热情，难道我对他们热情？"这时，小利的父母才知道，自己的孩子一直认为自己比别人"高一等"，所以从不主动和同学交往，发生了冲突也不知道妥协和谦让，总是那么咄咄逼人，对老师更是没有什么礼貌可言。所以，同学们都不喜欢小利，甚至都躲着他。这时，小利的父母才明白，正是自己对孩子的过度重视和关注，才使得孩子很少接触他人，缺少与人交往的能力，成了"井底之蛙"。

从小利的例子中，我们不难发现，由于父母过分注意孩子的感受，事事替孩子包办，结果培养出像小利一样高高在上、目空一切的"小皇帝"。

所以，作为父母，尽管我们十分疼爱自己的孩子，但在表达这份爱时，仍然需要掌握一个"度"。让孩子适当地吃一些苦头，对培养孩子的适应能力是十分重要的。

把孩子当成"小祖宗"

"哎呀！小祖宗，你这是怎么了？"

"奶奶，我要那个玩具，呜呜，我不要这个……"中心商场里面，一个小男孩在玩具柜台前闹起来了。

"不是刚给你买了这几个玩具吗？"奶奶不解地问。

"我不要这个了！我要那个！"孩子呜咽着说。

"好了，好了，别哭了！就把那个也买了吧！"奶奶无可奈何地说。

不一会儿，孩子抱着新玩具高高兴兴蹦跳着出了商场的门，而他的奶奶则吃力地提着刚买来就被孩子淘汰掉的玩具跟在孩子后面。

这其实就是经常在你我身边发生的故事。故事中的人物也许就在我们身边，就是我们邻居家或者我们自己的孩子。我们小心翼翼地捧着孩子，怕他受委屈，怕他哭坏了眼睛，怕他不高兴……可是我们这样把孩子当成小祖宗一样捧着供着，能够给孩子的成长带来什么好处吗？

我们不妨先来看一个真实的故事。

法国有一对老夫妻，因为以前生的几个孩子都夭折了，直到他们50多岁时才又生了一个孩子。老年得子，使得这对老夫妻对这个孩子百般呵护，宠爱有加。孩子四五岁时，吃饭、穿衣、睡觉等一切生活行为父母都要仔细照顾，不让孩子单独做任何事情，害怕孩子会累着，会摔着。就这样，一晃

20 多年过去了，而此时已经是大小伙子的那个孩子，仍然连最基本的生活都不能自理，甚至连大便还需要 70 多岁的父母帮助。

这是一个可悲的真实的故事，而悲剧的始作俑者，恰恰就是这对溺爱孩子的父母，正是他们从来都不让孩子动手，才导致孩子的能力和技能都得不到开发和锻炼，把本来很健康的孩子培养成为一个生活不能自理的人。

这个故事听起来虽然有些夸张，但却是一个真实的故事。而下面的例子，相信很多家长朋友一定不会陌生。

"我家的孩子太不懂事了！"单位的一位同事一上班就跟大家诉苦。仔细打听之下，才知道事情的原委。原来他的孩子上小学的时候是爷爷奶奶两个人专门接送。爷爷牵着孩子的手在前面走，奶奶背着书包在后面跟着，而且由奶奶亲自给孩子喂饭。上中学的时候，学校离家比较远，那位同事怕孩子上学累，就在学校旁边租了一套房子，让爷爷奶奶过去照顾孩子的生活起居。然而，孩子对父母的这些做法仍然不满意，不但学习不用功，还整天嚷着要买手机，并威胁说如果父母不给他买的话，他就去偷同学的钱买。这位同事无奈，只好赶紧给他买了一部手机。可是没有半年，孩子又说自己的手机过时了，要买电视上正在宣传的新产品。同事就又咬牙给他买了一部新款的手机，并让孩子把旧的手机给自己使用，但儿子却说旧的手机已经送给自己的好朋友了。同事那个气啊，自己花了 2000 元钱买的东西，儿子说送人就送人了。给儿子换了新款的手机后，同事以为自己能过一段安稳日子了，谁知道儿子又开始整天念叨着买笔记本电脑。同事很恼火，对儿子大吼道："你学习不争气，玩倒是很在行！"谁知道孩子的火气更大，竟然离家出走，连学也不上了。那位同事只好全家出动到处找孩子，最后在孩子同学的指点下才在一家网吧里找到孩子。"我都快被他折磨疯了！"同事皱着眉痛心地说道。

很明显，我这位同事的孩子是被全家人给宠坏的。从孩子上小学就让爷爷奶奶专门"护送"来看，他们一家就开始对孩子溺爱了；上中学后专门给租房子，又使这种溺爱进一步发展。经过这两个阶段的溺爱，孩子已经完全控制住了父母，所以才对父母的要求越来越多，胃口也越来越大。当父母无法满足他的要求时，干脆离家出走，连学也不上了。

其实，教育孩子的方法有很多，但是要有一个原则，那就是要让孩子参与到生活中来，要让他们在生活中培养各方面的能力，体验生活的艰辛和不容易，磨砺他们的品质，让他们懂得感恩父母和长辈。

有这么一个母亲，她每次给孩子买好吃的东西时，总是会说："这东西这么好吃，我一定要给你姥姥买些。妈妈小时候，姥姥很辛苦。"有时候对孩子说："爸爸很辛苦，这些好吃的东西一定给爸爸也尝一尝。"久而久之，孩子渐渐地学会了为别人着想，并懂得感恩父母的爱。这的确是一位很聪明的妈妈，因为她懂得运用日常生活的每一个细节对孩子进行教育。

因此，千万不要把孩子当"小祖宗"一样供着，因为这样不但帮不了他，而且还害了他，甚至害了一家人。

第二章
过度奖励是裹着糖衣的毒药

为了能够让孩子按照自己的指令做事，很多父母往往会采取奖励的机制来刺激孩子。比如，孩子小的时候，如果听妈妈的话，白天没有惹事，晚上临睡之前就多给讲一个故事，或者多给一块巧克力；等孩子稍微大点时，奖励就变成了玩具，或者去海洋馆、动物园等；等孩子上学时，奖励又变成了买名牌的衣服、鞋子，外出旅游……但是，父母们最终发现，随着孩子逐渐长大，胃口也越来越大，而且为了得到奖励，还会把目标切割得越来越碎，原本只是期中和期末考试才要奖励，后来竟然发展到连月考或周测都要让父母掏腰包。更让父母绝望的是，孩子对奖励的刺激越来越麻木，即使你许诺给他再大的奖励，他也无动于衷。由此可见，过度奖励真的是一种裹着糖衣的毒药，刚开始吃起来虽然感觉很甜，但等到毒性发作时，危害性却相当巨大。

物质奖励是最低级的奖励

王先生的孩子每次生病时，虽然很难受，却不愿意去医院看病。王先生为了让孩子去医院，便使出屡试不爽的绝招："你只要跟爸爸去医院，爸爸就给你买好吃的烤肠，还有酸奶。"孩子一听，马上就答应去医院了。当然，到了医院之后，王先生就要马上兑现自己的承诺。从医院回来后，孩子又嫌药苦，不愿意吃药。王先生又急中生智，对孩子说："只要你把这些药吃下去，爸爸就带你去饭店吃饭。"孩子一听，可以去饭店大吃一顿，就立即硬着头皮把药给吃下去了。

对于这个方法，王先生刚开始还扬扬自得，而且暗暗佩服自己，觉得自己实在是太有智慧了。然而，不久王先生就开始懊悔了，因为他发现，孩子对于他这种物质奖励的要求越来越高，而且凡是王先生要求他去做的事，他都先谈奖励条件，然后再考虑要不要做。

很明显，王先生的这种用物质来奖励孩子就医吃药的方法，产生了消极的影响，让孩子误以为自己看病和吃药是为了爸爸，而不是为了自己。

如果说用好吃好喝的鼓励孩子看病吃药是很多家长的无奈之举，那么用物质来鼓励孩子好好学习，就是父母的有意为之了。

"妈妈，给我80元钱吧！"一个小学生一出校门就着急地对前来接他的妈妈说道。

"为什么要钱啊？"妈妈不解地问。

"这是我这次月考的成绩单。你说过考 100 分给 100 元钱，现在我只考了 80 分，你就付我 80 元钱吧！"小学生拿出一张试卷，郑重其事地送到妈妈眼前。

妈妈这才想起自己对儿子的承诺。

有一天，张先生上初二的儿子兴高采烈地回到家，对爸爸说："爸爸，我快要期末考试了，如果我这次考试考得好，进步大，你能不能给点奖励呢？"看着孩子充满期待的眼神，为了鼓励孩子好好复习，张先生一口答应说："好啊，只要你能把成绩提高，你要什么都可以。"于是，孩子提出买要一双名牌运动鞋。张先生说："你不是已经有很多双运动鞋了吗？哪一双不是名牌的？你就提个别的要求吧。"但儿子就是坚持要再买一双运动鞋。张先生无奈，只好和儿子约定：只要这次考试成绩进步很大，就可以满足他的愿望。

可以说，现在每次到期末考试或者重要考试的时候，很多家庭都会出现这样的"分数交易"，一些父母为了激励孩子好好复习，取得好的成绩，就会给孩子承诺，只要达到相应的分数线，就给孩子相应的奖励。于是，很多孩子为了得到父母承诺的那些奖励而奋力拼搏，劲头倍增；也有的孩子因为无力达到父母的要求，要不就是在考试中作弊，要不就是私自篡改成绩单，以虚假的成绩来骗取父母的奖励。但是，不管是哪种情况，最终都是弊大于利，甚至是有百害而无一利。

有心理学家曾经做过这样的实验：挑选出一些喜欢绘画的孩子，把他们分成两个组进行实验。他对第一组的孩子许诺："如果你们画得好，就给你们奖品。"然后又对第二组的孩子说："我想看看你们的画。"两个组的孩子都高兴地画了起来。之后，第一组的孩子得到了赠送的奖品，第二组的孩子得到了精彩点评。

3个星期后，心理学家发现，原先得到奖品的第一组的孩子，对绘画的兴趣明显降低，大多数甚至不愿意再画了；而第二组的孩子却对绘画保持着很高的热情，有的孩子甚至比以前更用心了。

后来，又有多名心理学家将这个实验在不同的国家进行，实验的对象和兴趣虽然有所不同，但结果却相同。

这个实验表明，物质的奖励也许一时能起到激励孩子的作用，但从长远的角度来看，实际上是害了孩子；而精神上的奖励，孩子虽然看似一无所获，但这种无形的奖励，就像在孩子的心中种下了一颗希望的种子，日后自然就会发芽、成长、开花、结果……所以，最低级的奖励，就是物质奖励，因为物质奖励只会增长孩子的贪欲；最高级的奖励，就是精神的鼓励，因为精神鼓励会点燃孩子的希望，让孩子充满自信。

当然，也不是说所有的物质奖励都不能用，更不是所有的精神鼓励都管用，还是要根据实际情况选择。其实，最理想的方法，应该是以精神鼓励为主，以物质奖励为辅，同时要明确地告诉孩子，之所以奖励他，并不是因为他表现得多么好，而是因为他懂得了努力的意义以及进取的价值！

讲排场会让孩子过早成人化

傍晚，某高档饭店里，客人已经渐渐散去，而在一个包间里，却还有一群孩子在大呼小叫，吃喝得很欢乐。其中一个孩子明显比较兴奋，只见他满脸红光，得意地对大家说："我爸爸妈妈一向说话算话，他们说我只要考上重点高中，就让我实现 3 个愿望。我的第一个愿望，就是请大家在这个饭店好好地吃一顿。"

"是啊，是啊，你爸爸妈妈对你真好，我们这顿饭吃得实在是太开心了！"一个同学羡慕地回应。

"哥们儿，还是你大气！"另一位同学也恭维道。

吃饱喝足后，大家各自散去。当天做东的那个孩子，也哼着欢快的歌回家了。

"呀，回来了。玩得怎么样？"一直在着急等待的妈妈关切地问。

"我们玩得很过瘾，吃得也很好！"孩子说道，"谢谢妈妈，今天我真是太有面子了！今天我招待他们的规格那么高，看他们以后再请客，还能去哪个饭店，还能整多大的排场……"

"别闹了，赶紧休息吧，已经很晚了。"妈妈爱怜地催促着孩子。

随着经济的不断发展和人们生活水平的不断提高，孩子们的生活质量自然水涨船高，但孩子们的高消费习惯还是让人感慨万千。很多孩子口袋里揣着时尚手机，耳朵上戴着耳机，身上穿着名牌服装，每周一小聚，每月一中聚，每年一大聚，从快餐店到中餐厅，再到大饭店，学校门口的一些店铺，每到放学时，更是人满为患。孩子们谈论得最多的，已经不是学习成绩，而是时髦的品牌和消费。更让人不可思议的是，"请客风"正在一些中、小学校园大范围地存在：入队、入团了，会有同学要求你请客；被评上"三好学生"、当上学生干部了，也要请客；考试、竞赛取得好成绩了，要请客；过生日，更要请客……

那么这种风气到底是从哪里来的呢？是孩子天生就会的吗？当然不是，因为孩子的习气跟社会环境有关，跟家庭氛围有关，尤其是很多父母，不管做什么事都喜欢讲排场，孩子从小就耳濡目染，自然也就沾染了爱慕虚荣、讲排场、摆阔气的习气。

10年前，王涛还是一所中学的班主任时，有一位叫马维的学生给他留下了极为深刻的印象。马维是一个十分聪明的孩子，所以虽然他在学习上不怎么用心，但学习成绩基本上能保持在中等水平。而马维之所以让王涛印象深刻，是他过早地成人化。马维家里比较富裕，父亲是当地一家大公司的总经理，母亲是某事业单位的领导。由于家境比较优越，所以马维特别喜欢在同学当中炫耀自己，为了显示自己的实力，他经常请同学们吃饭、看电影等。

有一次，为了把邻班的一个家庭条件也比较好的同学比下去，马维竟然请全班同学去歌厅唱歌。这件事情被王涛知道后，严肃地批评了马维，并且请他的家长来学校谈话。刚开始时，王涛以为马维的家长会积极配合自己的工作，谁知道马维的父亲竟然说："这件事情我们家长都知道，只要孩子不做违法的事情，我们也不必多加干涉。"

"他是没有违法，但他所做的事，跟他的年龄并不相符，要知道他还只是个孩子呀！"王涛对马维父亲的态度很吃惊。

"这有什么相符不相符的，孩子花点钱在交际上，这对他以后发展很有好处。就得让孩子多交一些朋友，以后才有发展的空间……"马维父亲的一番话让王涛一句话也说不出来。

不过，王涛还是试图说服马维的父亲："孩子交朋友当然没有问题，但是没有必要非得花钱，更不需要搞那么大的排场嘛！不是有句话叫'君子之交淡如水'吗？"

"现在这个社会，不让孩子见识什么是排场，他的眼界就永远也没有办法提升。再说了，我们赚那么多钱，不就是为了给孩子花吗？现在不花，等到什么时候再花？"马维的爸爸越说越觉得自己有理。

这一下，王涛终于明白了，三观不合，说什么都没有用，只好作罢！

3年后，马维高中一毕业，就到父亲所在的公司去上班，并且带上了自己的几个"好朋友"。到了公司后，马维更是放开手脚，每次招待客户，都上当地最好的饭店，点最贵的菜，喝最好的酒。然而，一年下来，公司的招待费用倒是花了不少，但马维却一个单子也没有谈成。后来，公司只好把马维和他的几个朋友全部开除，而马维的父亲作为直接责任人，也被迫辞去总经理之职。

从这个案例中，我们不难看出，马维的父亲虽然有意想"培养"孩子，却错误地认为，讲排场是为了让孩子见识世面，提升眼界，结果让孩子的行为过早地成人化，而才能却没有得到相应的提升，成为典型的纨绔子弟，实在可悲、可叹！

节约每一分钱，不当"摇钱树"

今天的我们，可以说各方面的物质条件已经比过去提高了很多。尤其是随着家庭收入的增多，孩子们在吃穿用度方面更是越来越好，家长们也很愿意为了孩子投入大把的金钱，尽量让孩子吃得越来越好，穿得越来越漂亮，用得越来越高档，玩得越来越多样。但即使这样，也不意味着可以让孩子随意浪费，不仅不能浪费粮食和各种物品，更应该节约手中的每一分钱。

或许有的人会有这样的疑问，现在生活条件都这么好了，还有节约的必要吗？难道要让孩子去过以前那种贫困的日子？尤其是对于曾经经历过辛苦打拼的父母来说，对于那份曾经的辛苦更是刻骨铭心，并暗暗发誓再也不让自己的孩子重复自己曾经走过的路，因为那实在是太辛苦了。所以，这些父母往往会有这样的想法，自己现在既然已经为孩子创造了这么好的生活条件，那就让孩子好好享受吧！其实，我们所说的让孩子节约每一分钱，并不是说要让孩子去过以前那种贫困的日子，也不是说不让孩子吃好的、穿好的、玩好的，当然更不是要培养出守财奴式的抠门儿孩子，而是让孩子把节约下来的每一分钱都花在刀刃上。

那么，对于节约，有可以衡量的标准吗？这些标准又是什么呢？一般来说，看一个人是否节约，主要看如下几点。

第一，要看他是否高效益地使用金钱，做到合理消费。

第二，要看他在消费的时候，是否有利于自己的发展，包括身心的健康，以及良好品德的养成。

第三，要看他是否杜绝奢侈浪费和享乐主义。

虽然每个家庭与个人的消费水平有所不同，但用这 3 个原则来衡量一个人是否节约，可以说是放之四海而皆准的。

我们都知道，每个人生来就喜欢富贵，讨厌贫穷，但俗话说"有钱难买幼时贫"，这句话可以说正好切中了当今孩子的病源。今天的孩子，尤其是生活在城市中的孩子，很少有人知道什么叫贫穷，因为父母已经尽一切所能为他们创造最好的生活条件，所以也造成了很多孩子不懂得什么叫"节约"，更不知道"节约"这两个字背后所蕴含着的美德。他们只要求吃好的、穿好的、玩好的，而且越高级越好，却不懂得自己所吃的美食、所穿的衣服、所用的手机从哪里来，当然也不知道父母每个星期给自己的零用钱从哪里来。由于他们不知道这些东西的来之不易，所以也不懂得珍惜，随意浪费。久而久之，即使家里放着一座金山，也有被孩子挥霍一空的时候。

那么，作为今天的父母，怎么才能让孩子懂得节约，并杜绝自己成为孩子的"摇钱树"呢？

第一，尽量不要把对孩子的爱体现在物质的满足上。对孩子的物质保障，应该以满足孩子的基本生活为准。要知道，父母对于孩子的爱，不是以物质条件来衡量的。

第二，尽量不要炫耀家庭的财产。有些父母喜欢摆阔气，喜欢炫耀自己的财富，因此在对待孩子的花销上也不肯落后于人。这样的父母，往往更容易成为孩子的"摇钱树"。所以，做父母的一定要克制自己的虚荣心，不要在人前人后炫耀自己的财富。

第三，多让孩子体验生活，让孩子体会挣钱的不易。没有一个家长会认为挣钱是一件非常轻松的事情。既然如此，为什么不让我们的孩子也在生活中去体验一下呢？比如，可以鼓励孩子参与劳动，如果有条件的话，可以给孩子安排一些能够挣钱的社会实践，让孩子通过自己的劳动去挣一些零花钱，在这个过程中，孩子就会深刻体会到挣钱的不容易，自然会珍惜父母的钱财了。

第四，要有一点先见之明，一旦发现孩子有把自己当作"摇钱树"的兆头或表现，就要及时采取措施，及时与孩子进行沟通，让孩子要珍惜钱财，多体贴父母的不容易。

过早给孩子买手机，会让孩子玩物丧志

在一家心理诊所内，心理医生问孩子的父母："孩子怎么了？"

父亲回答："不想上学，只想玩游戏。"

医生又问："你平常跟孩子聊天吗？"

父亲回答："平常都是他爷爷奶奶照顾，我们工作太忙了，每天都是早出晚归，所以很少聊天。"

孩子叫小华，今年只有10岁，戴着近视眼镜，只见他安静地坐在诊室里，一声不吭。站在一旁的父母则眉头紧锁，面露焦急。

"孩子，你怎么了？"心理医生转向小华。但小华只是微微低着头，一句话也不说。

"说说吧！"医生又对父母说，"你们的孩子怎么了？"

原来，小华一家人来自外地，父母做小生意，每天都很忙，小华平时由爷爷奶奶照看。平时，父母与孩子几乎零交流，难得有休息的时间，一家人在一起也几乎不说话。从三年级开始，小华就开始沉迷于手机游戏，并出现情绪问题。

"好了，你俩先出去一会儿吧，我跟孩子聊聊。"

孩子的父母都出去后，医生转向小华，轻声问道："孩子，你告诉阿姨，你是先情绪不好，还是先开始玩游戏的？我估计你爸妈也没问过你这些问题。"

"嗯……"小华轻声回应。

"你玩什么游戏啊？"

"王者荣耀。"小华小声地回答。

"玩得好吗？"

"还行。"小华开始一点一点打开话匣子。

"你现在每次玩王者荣耀多长时间啊？"

"就是每天放学之后玩，还有周末两天。"

"周末两天就在家里玩游戏？爸爸妈妈不带你出去玩吗？"

"嗯，爸爸妈妈都太忙了，以前我老是吵着让他们陪我玩，后来他们就给我买了一部手机，让我自己玩。"

"好了，把你爸爸妈妈叫进来吧。"

小华的父母进来后，医生用略带责备的语气对他们说："好好的孩子，差点让你们给毁了。以后不管多忙，每天回家一定要多陪陪孩子，不要每天只问他上没上课、吃没吃饭、衣服穿得够不够，而是要尝试去了解他在想什么。还有，以后每到周末，就把工作放一放，带着孩子出去玩一玩，陪他散散心吧。"

从这个案例中，我们不难发现，小华的父母连最基本的教育理念都没有，以为只要给孩子买一部手机，孩子就会自己玩，不再缠着自己了。结果，缺少父母陪伴的小华，只好每天玩手机，最终沉迷于手机游戏中不能自拔。

曾经有人做过一个调查，发现聪明的父母都不会让孩子过早地碰手机，更不会让他们去玩游戏，因为他们深知，几乎所有的电子游戏都是"奶头乐"。作为家长，如果真正想让孩子有出息，那就不要过早给孩子购买手机之类的电子产品。

很多父母在带孩子的时候都有过这样的体验，那就是手机会给自己帮很大的忙。如果自己想做点什么事，又担心孩子在旁边干扰的话，只要把手机塞到孩子的手上，接下来自己就可以安心做事了。但实际上这是一种饮鸩止渴的做法，因为孩子一旦对手机上瘾，再想把手机从他手上拿回来就难了。于是，一些家长便又生出一个主意，那就是专门给孩子买一部手机，这样自己就可以彻底解放了。但实际上，这是彻底把孩子给害了，因为对于孩子来说，尤其是在10岁以下，他们还没有辨别好坏的能力，一旦拥有自己的手机，便会很快沉迷其中而无法自拔。而到了13岁之后，孩子基本上已经具备了一定的自我管理能力，即使拥有自己的手机，通过父母的正确教育，也能避免沉迷其中。而且，这个时候父母还可以引导孩子通过手机做一些有意义的事情，比如参加网络学习班、查找资料，等等，而不是用手机来玩游戏和看视频。

当然，父母一定要以身作则，俗话说"有什么样的父母，就会有什么样的孩子"，这句话是很有道理的，因为父母确实是孩子的第一任老师，也是孩子学习、模仿的榜样，如果父母经常在孩子面前刷手机，那么孩子也会很容易对手机产生兴趣，而且很快就沉迷其中。所以，父母在带孩子的时候，还是尽量不要看手机，这样才能有时间多陪孩子做一些有意义的事情。请父母们一定要相信——对孩子早期的教育和陪伴，是父母一生中最划算的投资。

那么，父母应该如何陪伴孩子呢？其实，生活中还有很多益智游戏，是完全可以取代手机游戏的，而且通过这些益智游戏，还可以锻炼孩子的大脑、眼睛和手脚协调能力，让孩子在游戏中提升逻辑力和敏捷力。更为重要的是，因为在玩游戏的时候，父母也参与其中，所以一场游戏玩下来，不仅能够锻炼孩子各方面的能力，还能够让亲子关系更加亲密。

总之，避免孩子沉迷手机的方法有很多，但不管是哪一种方法，都少不了父母的用心陪伴。

轻易对孩子承诺会让你进退两难

在《韩非子》这本书中，曾记载了一个"曾子杀猪"的故事。

有一天早上，曾子的妻子要到集市去买一些东西。但她刚出家门，儿子就跟着出来，哭闹着要跟妈妈一块儿到集市上去。当时，曾子的孩子还很小，而集市离家很远，带着他去显然很不方便。所以，曾子的妻子就对儿子说："乖儿子，你先回家去，等妈妈回来就杀猪，让你吃猪肉。"儿子一听这话，果然立即安静下来，乖乖地在家里等妈妈回来。

等到下午时，曾子的妻子终于从集市回来了，但还没等她跨进家门，就听见院子里传来猪叫声。她赶紧跑到猪圈一看，原来是曾子正在准备杀猪呢。于是她急忙上去拦住丈夫，说道："咱们家里就养了两头猪，是要等到逢年过节时才杀的。你怎么拿我哄孩子的话当真呢？"曾子回答说："在小孩面前说话要算数，孩子现在还年幼无知，经常从父母那里学习知识，听取教诲。如果我们现在对他说谎，那他以后还怎么相信我们呢？不但这样，他还会学我们，去欺骗别人。如果孩子没有诚信，以后他怎么在社会上立足呢？"妻子听了曾子的这番话后，觉得丈夫说得很有道理，于是就心悦诚服地帮曾子杀猪，然后为儿子做了一顿丰盛的晚餐。

曾子杀猪的故事告诉我们，就算是对年幼无知的孩子，也要做到言而有信。只有将言传和身教结合起来，用自己的行动做表率，才能教育好孩子。但是，如果我们也像曾子的妻子那样，为了快速摆脱孩子的纠缠而轻易对孩子承诺，那么结果往往就会进退两难。第一，孩子会误以为，只要自己一哭闹，父母就会妥协，这种习惯一旦养成，对孩子的成长是非常不利的。第二，一旦承诺，就没有回旋的余地，即使后悔，也只能兑现，否则就是失信，而失信的代价是非常大的。

夏兴国的儿子明明自从上学之后，各方面的表现很平常，成绩也一直徘徊在中下游，夏兴国也认为，自己的儿子确实不是一块学习的料，于是就半开玩笑地对儿子说："这次期末考试，如果你的成绩在班上能够进入前十名，我可以在假期带你去国外旅游一趟。"也许真的是"重赏之下必有勇夫"，平时不怎么把学习放在心上的明明，在得到了爸爸的这个承诺之后，像打了鸡血一样，每天拼命地学习，遇到什么难题也主动向同学请教。两个月后，期末成绩出来了，明明的成绩排在全班第八名。明明于是拿着成绩单，高兴地递给爸爸，并问爸爸什么时候能兑现他的承诺。夏兴国一看儿子的成绩单，既惊喜又懊悔，惊喜的是他以前小看明明了，没想到明明这么厉害；懊悔的是自己当初的轻易承诺，毕竟自己现在生活压力比较大，每个月还要还房贷，恨不得一分钱掰成两半花，实在拿不出多余的钱带明明出国旅游。于是，夏兴国只好一边夸孩子，一边顾左右而言他，就是不提出国旅游这事。

明明最后也终于知道，爸爸当初对自己的承诺并不是当真的，只是开玩笑而已。明明一怒之下，把成绩单撕了个粉碎，而且从此不再相信爸爸的任何一句话。

在这个案例中，夏兴国在给自己的儿子明明做出承诺后，最终却因为客观的因素没能兑现承诺，导致亲子关系受到极大的伤害。如果夏兴国当初没有急于做出承诺，而是先跟孩子沟通，然后与孩子约定，如果孩子的期末考试能够有所突破，就会给孩子一个惊喜，而不是做出具体的承诺，或者在做出具体的承诺之前，先考虑一下自己能否做到，这样就不会出现这种进退两难的情况了。

在《周易·家人》中，有这样一句爻辞："有孚威如，终吉。"意思是说：作为家长，只有信守承诺，才能树立威信；家长有了威信，才能让家庭充满和谐，吉祥如意。由此可知，在家庭教育方面，首先需要教育的其实不是孩子，而是家长自己。当家长能够信守承诺，做到言必信、行必果的时候，家长的威信自然就会建立起来，并且成为孩子的榜样，这个时候家长再去跟孩子进行沟通，或者给孩子提建议，孩子自然就会乐意听从。

第三章
你到底爱谁

　　如果有人问我们："你爱自己的孩子吗？"相信大家的回答都是肯定的，而且还会在"爱"的前面加上诸如"相当""非常""永远"之类的形容词。但是，如果细究起来，也许并不是那么回事。比如，当孩子不听话时，我们会非常恼火，也许我们对自己权威的爱胜过了对孩子的爱；当孩子在外面闯祸时，我们会非常气愤，也许我们对自己情绪的爱胜过了对孩子的爱；当孩子考试成绩不理想时，我们会非常失望，也许我们对自己面子的爱胜过了对孩子的爱……于是，我们便以爱的名义对孩子进行压制，包括强迫孩子听话，强迫孩子要乖、要懂事，强迫孩子要好好学习，天天向上，并自作主张地给孩子报各种培训班、兴趣班，甚至觉得自己为孩子花的钱越多，就越爱孩子。但是，最终我们却发现，孩子并不领情。为什么会这样呢？或许孩子会认为，我们并不是真的爱孩子。所以，如果我们真的爱孩子，就必须先从爱的误区中走出来，不再以爱的名义去伤害孩子。

以爱之名，行贪之实

2009 年某天，在上海某大学就读研究生的杨某，在宿舍卫生间内以一种特殊的方式结束了自己短暂的一生。

杨某去世时年仅 30 岁，而纵观她这 30 年的人生，能够由自己掌控命运的时间，实在少得可怜。正是花样年华的她，本该拥有一个精彩的人生，却在一次次的忍让中消耗殆尽。

那么，杨某为什么会走上绝路呢？伴随着各种猜测和争论，杨某与她母亲的那种畸形病态的母女关系，也开始显露出来。

1979 年，杨某出生于一个中产家庭。父亲是大学生，工作体面，收入稳定；母亲王某在一家工厂里上班，是典型的贤内助，把家庭打理得井井有条。杨某还有一个比她小两岁的弟弟。

6 岁以前，姐弟俩的生活可以说是无忧无虑。但在杨某 6 岁那一年，父亲因肝病去世，只留下一个掏空了积蓄的家和他们孤儿寡母。

从此，杨某变得比同龄人更懂事，而且特别心疼母亲的辛劳。后来，这种心疼又演变成一种愧疚，让她对母亲的话言听计从，不敢有任何自己的主见。高考时，杨某最想填的志愿是大连某大学法律系。但是，母亲以离家太远，不放心她为由给否定了。最终，杨某只好填报了武汉某大学经济系。在校期间，杨某勤奋刻苦，在老师和同学眼里，一直都是一个上进的女孩，只是有些腼腆。

就在杨某读大三那年，母亲王某的单位要搬迁，王某于是办理了内退。之后，买不起新房子，又不想住在老房子里的王某，干脆直接带着行李来到了大学，住进女儿的宿舍，与女儿同吃同住。此后，杨某彻底失去了自由，进而失去了自我。

本科毕业后，杨某想继续攻读硕士，而且也被北京某大学法学院录取了。然而，面对3万元的学费，母亲王某连连摇头，再一次打破了杨某的梦想。之后，杨某又报考公务员，而且同时被两家单位录取，但母亲又嫌那两家单位太小，不让她去。

虽然公务员当不成了，但西北某大学又给杨某抛来橄榄枝，聘请杨某前去工作，但需要她本人亲自过去面试。杨某很高兴，马上就买好了火车票。然而，母亲王某还是不同意，理由是离得太远了，而且也不是发达的大城市，不值得去。

在失去了一次又一次机会后，杨某又想起了考研。这一次，她把目标定在上海的学校，因为母亲一直希望她到上海去发展。虽然走出学校已经七八年的时间，但杨某的考研之路仍然很顺利，很快就成为上海某大学的研究生。

来到上海后，王某再次跟着女儿住进了学生宿舍。而这一次，校方坚决反对，因为王某还没有老到需要有人伺候的地步，而且她每个月还有将近1000元的退休金。此外，杨某的弟弟正在读博士，有一定的经济收入，相互帮助一下，不至于连一间房子都租不起。

这一次，杨某彻底绝望，并选择走上绝路，去到她认为能够拥有自由，可以自己给自己做主的地方。

纵观这个案例，王某作为一个弱女子，以一己之力撑起家庭，而且还培养出两个大学生，可以说是一位相当坚强的母亲，确实值得大家钦佩，但她为了满足自己的贪欲，紧紧抓住女儿不放，而且以母亲的权威掌控了主导地位，不给女儿半点自由，不让女儿有任何的主见，最终把女儿逼上了绝路。如果她能够体会到女儿内心的痛苦和挣扎，自然就能够放下自己的贪欲，也就不会一意孤行了。遗憾的是，她从来没有把女儿当成一个独立的个体，从小就以爱之名，开始对女儿进行控制，并享受着这种控制和形影不离所带来的满足感，最后导致了悲剧的发生。

有人曾经说过："除了小婴儿和母亲外，两个有独立生存能力的人形成'共生关系'，往往是不健康的。"对于这句话，我深以为然。虽然每一个为人父母者，都会说自己爱孩子，但什么才是真正的爱呢？如果你能够了解孩子，支持孩子，在帮助孩子实现他的梦想之后适时放手，这才是真的爱；如果你认为孩子只属于你，并以爱之名，压制孩子，控制孩子，以此来获得一种满足感，这实际上是以伤害孩子的代价，来实现自己的贪欲。

考上名校的孩子，很多都没上过补习班

2013 年，某文科状元顺利被清华大学录取。成为清华大学的一名学生之后，该同学在一次采访中这样说道："以前觉得能考上清华北大的学生都是大学霸，每天学到不吃不睡、废寝忘食的那种。但到了清华才知道，周围的同学该看动漫看动漫、该打游戏打游戏、该追剧追剧、该睡觉睡觉，反正不是整天埋头学习的书呆子，但到了期末考试，人家的成绩还是那么好。而且，这些人不但学习成绩好，其他方面的表现也相当突出，有的是运动健将，有的是书法高手，有的是绘画高手，有的是演讲高手……反正，就是各种才艺集于一身，真正的多才多艺。"

10 年之后，时光来到了 2022 年，江苏一对双胞胎兄弟的表现，再次吸引了很多家长和学生的眼球。兄弟二人双双以高分进入清华大学。看到这对双胞胎的表现后，很多父母忍不住竖起大拇指，兄弟两个都如此优秀，实在让人惊叹。进入清华大学后，兄弟俩在接受采访时同时表示：他们从来就没有上过一天补习班。这样的经历，更是让那些每天都送孩子去补习班的父母汗颜。于是，这些父母不禁要问：难道天赋真的如此重要吗？还是自己家的孩子不够努力？

经过对众多案例的分析，我们发现那些考入名校的孩子，在日常的学习中都会有一些共性，这些共性包括：

第一，有周密的学习计划。当孩子真正意识到学习的重要性之后，他会觉得每一秒钟对他来说都是无比珍贵的，所以在学习上也必定会分秒必争。但是，如果迫于压力，眉毛胡子一把抓，那么学习的效率就会低下。要知道，孩子从小学到初中，再到高中，学习的难度是一步步提升，学习的科目也是逐渐增多。如果父母能够提醒孩子制订好学习计划，并按计划去执行，那么孩子在学习上就不会有太多的压力，就能朝着自己的目标不断前行。

第二，有强大的自律精神。凡是学习成绩好，而且比较稳定的孩子，都有一个很明显的特点，那就是都有强大的自律精神。在该学习的时候，不管周围的环境如何，也不管外面的诱惑有多大，他们都能够全身心地投入到学习中，而且学习效率非常高。

第三，有远大的志向。古人云："取乎其上，得乎其中；取乎其中，得乎其下；取乎其下，则无所得矣。"由此可见，远大的志向对于目标的实现，具有决定性的作用。所以，父母一定要让孩子从小树立起一个远大的志向，这对孩子的成才是非常关键和重要的。比如，如果孩子的志向是成为一名杰出的科学家，他就会在日常的学习中，不断地自我鞭策和自我激励，最后即使不能成为一名科学家，也一定会在科技领域里有所作为；再比如，如果孩子的目标是进入清华或北大，即使最后不一定能够真正进入清华或北大，但进入 985 院校一般是没有问题的。相反，如果孩子只把目标定在 985 院校，那么最后往往只能上普通的一本院校，甚至是二本院校。

第四，有良好的阅读习惯。不管是素质教育时代，还是大语文时代，都需要孩子具备良好的阅读能力。无数的经验已经告诉我们，如果孩子的阅读能力突出，那么孩子在考试的过程中，就会有很好的表现，因为小到对一道题目的准确理解，大到对一篇作文的整体布局，都需要有阅读能力作为基础。比如，如果作文题要以唐僧、孙悟空、猪八戒、沙僧等人物的性格特点作为背景，写一篇励志性的文章。那么读过《西游记》和没有读过《西游记》的孩子，在写这篇作文时，不管是深度和广度，还是整体的高度，肯定都是不一样的。

第五，没有偏科。根据木桶效应，一只木桶能装多少水，并不取决于最长的那块木板，而是取决于最短的那块木板。所以，如果孩子在学习方面偏科比较严重，那么他在参加重要的考试时，就会遭遇木桶效应，与自己设定的目标失之交臂。所以，父母一定要尽早培养孩子的综合能力，以避免孩子在学习上出现偏科的现象。或许一些父母还会存在这样的侥幸心理，认为孩子偏科的情况可以通过上补习班来解决，但事实上并没有我们想象得那么简单，因为偏科一旦形成，就说明孩子对这一科目已经没有兴趣，而兴趣是没有办法通过补习班来培养的。相反，孩子对于自己不感兴趣的科目，父母越让他去参加补习，他就会越痛苦，越不想学。

总之，那些考上名校的孩子，大都相当自律，能够按照预先制订的计划主动学习。所以，父母们与其多花钱去给孩子报补习班，不如从小好好培养孩子，让孩子养成良好的学习习惯，这才是真正地爱孩子。当然，人力有时尽，对已经很努力的孩子，也不要太过苛求。

报课外培训班，先听听孩子怎么说

牛牛 7 岁，今天正在上小学二年级，除了正常到学校上学之外，他的课外时间基本上被课外培训班填满了——周一晚上学游泳，周二晚上学英语，周三晚上学围棋，周四晚上学绘画，周五晚上学机器人，周六上午学跆拳道、下午学篮球，周日上午学乐器、下午学轮滑。

可以说，像牛牛这样每天只要一眼开眼睛，除了正常到学校上学外，其余时间都奔波在各种培训班中的孩子，并不在少数。之所以这样，是因为许多家长已经越来越意识到教育的重要性，同时也认同这样一种观念："再穷也不能穷了教育。"此外，随着很多家庭收入的不断提升，家长对孩子教育的投入也不再理性，甚至是盲目的，因此也有不少人在感叹"孩子的钱最好赚"。

从目前针对儿童的课外培训市场来看，大致有才艺培训，比如音乐、舞蹈、绘画、书法等；以及兴趣辅导，比如棋类、跆拳道、篮球等。

随着生育政策的变化，很多培训机构也意识到了儿童培训市场是一块巨大的蛋糕，而且都想着也能分到一块，于是越来越多的培训机构参与进来，结果导致竞争异常激烈，很多机构为了能够抢到生源，也是"各显神通"，打着各种"招牌"，推出各种"套餐"，可谓名目繁多，花样百出。比如，同样是绘画培训，就打出了"导师培训""名师培训""大师培训"等不同的招牌；在培训方式上，也推出了"一对一培训""组团培训"等模式；在培训时间上，则推出了"年卡""季卡""月卡""次卡"等套餐。而其中最大的区别，就是价格的不同，从几千元到上万元不等。当然，为了孩子，很多家长也往往接受了机构的推荐，选择了最贵的那个"套餐"，因为很多家长认为，只有这样，才是真正地爱孩子。

然而，家长们往往只选择给予孩子"最好的"，却很少问孩子，这是不是他们"最喜欢的"。而这种忽视孩子感受的培训班，也往往会造成这样的结果：孩子在家长的要求下参加兴趣班培训，却越来越讨厌自己所学的内容，甚至还失去了主动学习的兴趣。

当然，很多家长也表达出了自己的苦恼：我也想根据孩子的兴趣来给他报课外培训班，但我实在不知道他的兴趣到底在哪里，更不知道怎样激发孩子的兴趣，所以只能随大溜，看到哪个培训班最火爆，就给孩子报哪个。在此我们从儿童心理发育的角度，给年轻的家长们提出如下几点建议，以供大家参考。

1. 尊重孩子的想法

父母在给孩子报班之前，一定要先跟孩子沟通，了解一下孩子的想法，听听孩子怎么说，如果孩子愿意学，当然没有问题；如果孩子不愿意学，那就听听孩子的理由，如果孩子确实不感兴趣，那就尊重孩子的选择。当然了，有一些技能是孩子应该掌握的，比如游泳课，如果一定要给孩子报，那就先做好孩子的思想工作，让孩子了解这些技能是他必须学会的。而且，报完名之后，正式上课时也要及时与孩子沟通，不能只管接送，其他一切都交给教练，这不是负责任的态度。此外，还有一个时机的问题，虽然有些技能孩子应该掌握，但如果孩子年龄还比较小，那就先等一等，父母可以先想办法把孩子的兴趣激发出来，等孩子有了兴趣之后，一切自然水到渠成。如果强迫孩子去学，往往会使原本的良好愿望变成矛盾和冲突，甚至将孩子即将萌芽的美好梦想扼杀在摇篮中。

2. 尊重孩子的自主选择

在选择兴趣班时，由于孩子的想法与父母的想法不完全一样，所以孩子做出的选择，与父母想给他选择的项目也会不一样。这是因为孩子的思想比较单纯，只管喜不喜欢；而父母的思想则比较复杂，虽然也会考虑孩子会不会喜欢，但更关注的是孩子学这个有什么用。比如，在乐高班和书法班之间，如果让孩子自主选择的话，大多数孩子肯定会选择乐高班，因为孩子们只管自己喜不喜欢，不管学了之后有没有用；而大部分父母则希望孩子能够选择书法班，因为很多父母认为，学好书法对培养孩子的气质，包括对教育都有一定的帮助。这时，如果孩子已经选择了乐高班，父母就应该尊重孩子的选择，而不是以学书法更有用为由，自行替孩子决定，这样会伤害孩子的自尊心，长此下去，孩子就会养成害怕选择的习惯，甚至做任何事情都无法自主。当然，如果孩子已经到了学习书法的年龄，父母也很想给他报班的话，那就先做好引导工作，但仍然不可代替孩子做决定，一定要让孩子自主选择。

3. 激励孩子自主学习

孩子如果能够从小养成自主学习的习惯，这对孩子来说，将会是一笔巨大的财富，而且取之不尽，用之不竭。但是，很多孩子的表现也让父母头疼不已，因为大多数孩子在学习方面基本上都是"三分钟热度"，一些兴趣班报完之后，父母把钱一交，他就不主动学了，弄得父母也是进退两难。进吧，孩子不主动，父母也很累；退吧，花出去的钱就打水漂了，更是心有不甘。其实，这个时候，父母不必急于做决定，而是要主动跟孩子交流，找出孩子不主动学的原因。比如，是不是一些课程的设置过于枯燥，压制了孩子的创造力，让孩子产生了厌学情绪；又或者是孩子在学习的过程中遇到了难题，让孩子的信心受到了打击。不管是哪种情况，父母首先要做的，就是肯定孩子的努力，并鼓励孩子，让他重新振作起来。如果孩子确实不想再继续学下去，父母也应该尊重孩子的选择，毕竟体验和过程远比结果重要得多。此外，在日常的生活中，父母要有意识地培养孩子自主学习的观念，并真正做到言传身教。比如，父母在工作和学习的过程中，遇到问题时，就可以当着孩子的面寻找解决的办法，不管是通过查工具书，还是通过网络搜索，都可以让孩子参与其中。当孩子遇到问题，或者向父母提问时，父母要充分肯定孩子主动学习的意愿，并积极帮助孩子寻找解决问题的办法。当然，为了激励孩子学习的主动性，父母也可以给孩子准备一些"小奖品"，这既是对孩子的认可，更是对孩子的鼓励。最终的目的也是让孩子明白，主动学习对他的成长是十分有益的。

总之，培训班是可以上的，但不能仅凭父母的一厢情愿，就盲目给孩子报名，然后强迫孩子去上，而是应该首先听听孩子自己的想法，结合孩子的兴趣，让孩子自己去选择；如果孩子还比较小，不知道如何选择，那么父母在帮助孩子选择培训班之后，也应该以鼓励孩子自主学习为主，而不是强迫孩子学习。此外，在给孩子报培训班时，还要考虑给予孩子足够的休息时间，不要让培训班来填满孩子的全部生活，这样才能让孩子快乐学习，并学有所成。

真孝和假孝，一看就知道

近些年来，随着"国学热"的持续升温，形形色色的"国学培训班"和"传统文化学习班"也随之遍地开花，而授课的老师要么是"名师"，要么是"大师"，即使是最低的级别，也有过"悟道"的经历。这些"国学培训班"和"传统文化学习班"的招生对象，也可谓老少通吃，当然很多课程内容所针对的还是孩子。这些培训班的课程设置，内容虽然各异，但都有一个共性，那就是都讲"孝道"。正是因为这一点，很多父母不惜花重金，也要把孩子送到那些"国学班"去学习。于是乎，很多家庭便出现了这样一种现象：晚上睡觉前，年仅七八岁的孩子，给年富力强的父母洗脚，而且一边洗，还一边说一些感恩的话。当然，这些感恩的话，也都是"国学班"的老师教的。而作为父母，也往往会被孩子的这种"孝道"感动得热泪盈眶，直呼"我们家的宝贝真是太懂事了"。

然而，每次看到这样的现象，或听到类似的描述，我的内心总会有一种莫名的悲哀，又或者说是一种心痛。当然，我倒不是反对孩子给父母洗脚，相反我是很支持的，毕竟父母对于子女的恩情，子女是无以为报的，所以孝道才会一直成为我们中华民族的传统美德。我反对的是那种流于形式的假孝道。其实，要培养孩子的孝道，并不是简单地教他们做这个或者做那个，而是要先培养孩子的孝心。也就是说，你得先种因，然后才会有果。

那么，我们应该怎样培养孩子的孝心呢？下面的几点建议，可以供家长们参考。

1. 身教重于言教

成功的家庭教育往往不是严肃的告诫，或者喋喋不休的训导，也不是成套的理论、成体系的课程，而是潜藏在家长的行为、举止、言谈与礼仪风范中，因为家长的行为举止会潜移默化地影响孩子。要知道，孩子是父母的镜子，孩子的诸多行为，可以从某种程度上反映出家长的行为准则，所以要培养孩子的孝心，父母如何教并不重要，重要的是怎么做。

有这样一则广告：

一位刚下班的年轻妈妈，忙完了家务，又端水给老人洗脚，老人对她说："你忙了一天，也累了，赶紧歇会儿吧！别累坏了身子。"但她却笑了笑，说："妈，我不累。"这位年轻妈妈的言行举止被只有5岁的儿子看到后，他也一声不响地端来一盆水，然后放在妈妈面前。虽然盆里的水溅出来很多，把孩子的衣服都弄湿了，可孩子仍是一脸的灿烂。广告的画面就此定格下来，并出现一句旁白："父母，是孩子最好的老师。"

还有一个故事，也值得家长们借鉴：

从前，有一对中年夫妇对年迈的父母很不孝，他们把老人撵到一间破旧的小屋里居住，到了饭点时，就用小木碗送一些不好吃的东西给老人。

后来有一天，孩子的妈妈看到儿子在雕刻一块木头，于是就问孩子："乖宝贝，你在做什么呢？"

孩子回答："刻木碗！"

妈妈觉得很好奇，又问孩子："为什么要刻木碗？"

"等你们老了之后，就用它来给你们送饭。"

妈妈一听，猛然醒悟，于是二话不说，赶紧去把公公和婆婆请回正屋与自己共同居住，同时扔掉那只小木碗，拿出家里最好吃的东西给公公婆婆吃。孩子也因此转变了对父母的态度，从此一家三代和睦地生活在一起。

从上面的广告和故事中，我们不难明白，父母作为榜样，对孩子的影响到底有多大。其实，每个人的孝心都是这样形成的，也是这样传递的。因此，要想培养孩子的一颗孝心，父母首先要以身作则，要做孝敬长辈的楷模。

然而，在现实生活中，很多家长却恰恰相反，全家人坐在一起吃饭的时候我们不妨观察一下，你或者你的爱人，第一筷子是夹给谁的？是夹给老人呢，还是夹给自己可爱的宝贝呢？有好吃的，自己舍不得吃，要先给孩子吃，还美其名曰这是"爱"，其实这也是一种害。害得孩子从小不懂得谦让，不懂得感恩。

大家还记得那个著名的鱼头和鱼尾的故事吗？一个妈妈为了让自己的孩子多吃鱼，自己就说鱼头和鱼尾好吃，喜欢吃鱼头和鱼尾，结果吃了一辈子的鱼头和鱼尾。最后生病卧床时，孩子给妈妈做的饭，居然就是鱼头和鱼尾。

其实，我们除了表达自己对孩子的关爱之外，还要教会他分享、感恩、孝敬的概念，这是一个潜移默化的影响。所以，在家里如果有好吃的东西，首先得给长辈吃，哪怕咬上一口，才能轮到小孩，而且有时候你还可以和他"抢"东西吃。要让他明白，好东西大家都爱吃，之所以给了他，是因为对他的关爱，他应该心存感激，而不应该视为理所当然。此外，再强调三点：一是当着孩子的面，不可以说任何对长辈不敬的话；二是当着孩子的面，不可以高声顶撞自己的长辈，无论出于什么原因；三是当孩子表现出对长辈的孝敬时，要愉快接受，并且及时加以表扬，最好逢人就夸。

大文豪托尔斯泰曾经说过："全部教育或者说千分之九百九十九的教育，都归结在榜样上。"可以说，托尔斯泰的这句话，已经道出了教育的真相。

2. 从小事做起

让孩子养成孝敬父母的好习惯，要从一点一滴的小事着手塑造和培养。比如，平时教育孩子要关心父母的健康，要帮父母分担忧愁，要帮助父母做家务。当孩子不会时，父母要耐心地教，孩子做错时，不要横加指责，孩子做得好时，要多表扬鼓励。孩子只有在亲身实践和体验中才能体会到父母的辛苦，尝到为别人付出的快乐。当孩子的心中逐渐产生"父母养育了我，我应当为他们多做事"的观念时，就有了一份生命的义务感和责任感。这正是现在许多孩子缺乏的。因为他们平时只知道接受爱，而不知道付出爱，没有学会关心和感激。所以，家长千万不要这样想：孩子还很小，主要任务是学习，只要学习好了，什么也不用干。其实，这是一种错误的思想，不要以学习成绩作为唯一的评价标准，好孩子的标准是多方面的，孝敬父母就是一个重要的标准。

3. 学会感恩

作为家长，我们应该有意识地让孩子体会父母的辛苦，体会父母挣钱养家的不容易，体会父母对孩子的爱，体会父母也同样需要孩子的关心和爱。因此，家长不妨经常给孩子讲讲自己一天的情况，比如做饭、洗衣服、上班，等等。要让孩子体会到自己如何关心他。比如，孩子生病了父母怎样心疼，怎样彻夜不眠地照顾孩子……这些细节是最能感染人的。知恩就要感恩，感恩就要报恩。要让孩子从小养成关心父母、体贴父母、爱护父母的好习惯，比如为妈妈梳梳头、给爸爸捶捶背，等等。

4. 亲子互动

在培养孩子的过程中，爸爸要与孩子多交流、多沟通，可以通过共同玩游戏、搞活动的形式来实现：亲子共读一篇文章、一本书，比如《三字经》《孝心无价》；与孩子共唱一首歌，比如《一封家书》《常回家看看》《烛光里的妈妈》《世上只有妈妈好》《妈妈的吻》《母亲颂》等；与孩子共诵一首诗词，比如《游子吟》《妈妈的雨季》《妈妈，我的守护神》等。在亲子互动的活动中，不仅可以尽情地享受天伦之乐，而且可以在潜移默化中让孩子养成孝敬长辈的好品德。

总之，在孩子还小的时候，如果我们把孝心的种子种在他的心里，那么等到孩子长大之时，就是我们的收获之际。

越调皮的孩子越需要爱

现在的很多父母，对孩子的第一要求往往是"听话"和"乖"，如果再加上学习成绩好，那就是典型的"别人家的孩子"了。然而，有时孩子却比较调皮，让人头疼。

其实，孩子调皮的行为都不是无缘无故的，我们只有找到其背后的原因，才能做到对症下药。

一般情况下，孩子之所以调皮，主要有如下几点原因。

1. 由好奇心引发

儿童心理学家经过研究发现，幼儿时期的孩子，其性格的典型特征表现为活泼好动、好奇。幼儿期的孩子知识贫乏，许多事物对他们来说都是充满神奇和奥秘的。在好奇心的驱使下，孩子渴望了解更多的事物，也希望自己能摸摸试试，往往是大人越不让做的事情，却偏偏要做。这种调皮的行为，实际上是建立在求知的欲望之上的，本身并不是坏事。孩子们对事物具有很强的好奇心，每一样东西都充满其独特的吸引力，他们想全部都弄清楚。当然，如果一些事会对孩子造成危险，就应该及时地制止，并告诉孩子为什么不能那样做。

2. 想引起大人的注意

有些孩子表现欲极强，并希望引起大人的注意，于是便不自觉地做出一些大人认为是出格的事情来。对于这样的行为，父母不必大惊小怪，而是应该反省一下，自己平常对孩子陪伴的时间到底有多少，陪伴的质量到底有多高。只要把这些问题弄清楚，并解决好，孩子自然就不会再为了引起大人的关注而故意捣蛋了。

3. 叛逆期导致

在孩子的心理发展过程中，2~5 岁和 12~15 岁分别是两个特殊的发育时期，表现为性情急躁，不听话，不愿意别人干涉自己的事。以这种逆反行为为特点的表现，心理学上称为反抗期。这是儿童智力发育和人格培养过程中的必然阶段，当然也不是坏事。如果能顺利度过，对孩子心理健康的形成、智力的发育以及意志力和创造力的培养都大有益处。

2~5 岁为第一个反抗期。这是孩子心理迅速成长的表现，是发展儿童独立性和自信心的大好时机。这个时期，由于孩子已经独立行走，思维也有了一定的发展，逐步能用语言来表达自己的意愿，总想亲自去用自己的小手显示一下自己的能力，若不让他做，就会又哭又闹。但由于孩子年幼，表现不够成熟，有些行为完成不理想甚至失败，不合家长的意愿，如果父母强行阻止、责备乃至惩罚，将会让孩子幼小的心灵受到压抑，出现反抗心理，表现出反抗的言语和行动。即使是性格温顺的孩子，到了这个时期，也会变得急躁、不听话和调皮。对于孩子的这种反抗，父母应采取不同的教育方式，让孩子知道父母只是关心他。切忌不问情由地采取粗暴的态度，因为这样会导致孩子更强烈的反抗，形成不良性格。但是，也不能一味地纵容，一味地退让，因为长期这样下去，孩子就会以反抗作为控制局势的最佳手段，就会常常施展出来，以此来达到自己的目的，无形中促使孩子养成经常发脾气的坏习惯。

需要注意的是，父母在教育孩子的时候，一定要控制好自己的情绪，因为孩子的吸收和模仿力是很强的。如果父母动辄火冒三丈，勃然大怒，当着孩子的面不能控制自己的情绪，就会导致孩子也常常发脾气。

12~15岁为第二个反抗期。这个时期的孩子，对妈妈的唠叨管束和说教极为反感。因为这个时期的孩子已经进入青春期，已经有独立自主的意识，但社会经验还不足。个体的长大和生理的逐渐成熟，让孩子认为自己已是大人了，但心理上又摆脱不了孩子的习惯和幼稚的行为。这种矛盾让孩子产生了心理上的"自我不协调"的冲突，潜意识地憎恨自己的软弱和无能，进而仇视父母的管束。表现为情绪急躁，有时非常自信，有时却非常自卑。有时莫名其妙地向父母发脾气，做什么事都我行我素，不愿意与父母商量，爱冲动和冒险，用反抗来探索自己的价值与力量。这种情绪的变化，正好反映了孩子认识上的不足，作为家长，如果处理不当，就容易导致孩子产生各种心理障碍。

因此，当孩子进入青春期后，父母在教育孩子时，要更加慎重，多想办法与孩子进行沟通，做到既是孩子的父母，又是孩子的朋友，而不是简单地压制。在孩子的交友方面，父母可以帮助孩子选择好的朋友，同时注意孩子与异性交往的问题，既不能过多地管束，也不能放纵，而是要正确地加以引导。

总之，孩子在儿童期和少年期的反抗性是正常的心理发展过程，并不是坏事。这种反抗是身心发育时的阵痛，是既想脱离父母，又舍不得脱离的矛盾心理状态。如果家长对孩子横加干涉，就会激起孩子更强烈的"反抗"；反之，在家长的冷处理下，孩子往往会悄悄地向家长请教。因此，作为家长，要善于利用孩子的反抗与服从、自主与依赖的矛盾心理，因势利导，让孩子顺利度过反抗期，这对孩子的心理健康及成长都大有益处。

发泄情绪只是教训，理解和宽容才是教育

在亲子关系中，我们经常会看到这样一种情况：当父母高兴的时候，孩子即使提出一些过分的要求，父母也会欣然答应；当父母不高兴的时候，孩子就算只犯了一点小错误，也会遭到狠狠的责罚。于是，那些聪明的孩子便开始学乖起来，只要看到父母高兴，就放心地折腾、捣蛋，或者当自己想提出什么要求时，也会先把父母哄高兴再开口；如果感觉父母的情绪不对劲，那就只有乖乖听话的份了。但是，善于察言观色的孩子毕竟只是少数，大多数的孩子并没有这个意识，所以很多孩子经常是被父母狠狠地教训一顿之后，还不明白是怎么回事。

前不久，在网上看到这样一个视频：

一位失踪多年的男子，在见到自己已经两鬓斑白的父亲后，只是象征性地拥抱了一下，并没有出现人们想象中的那种令人感动的场面。

这一点，实在让网友们相当费解。于是，网友们纷纷猜测，难道这对父子不是亲生的？有的网友指出，那位男子过于冷漠了；也有网友觉得，毕竟多年未见，父子之间的感情早就被时间给冲淡了。

后来，老父亲接受采访时，才说出了背后的真相。老人姓陈，儿子刚出生不久，妻子就因病离世了。老陈当过兵，非常要强，妻子去世后，他没有

再娶，一个人既当爹，又当妈，所以对儿子相当严厉。

儿子在学校的学习成绩很好，但也跟大多数孩子一样，很调皮，喜欢捣蛋，而且还经常跟同学打架。儿子的这些表现，让老陈相当恼火，所以每次儿子"闯祸"后，老陈都是二话不说，解下皮带就抽，经常把儿子打得皮开肉绽。刚开始时，每次被打后儿子还会哭，到了后来，即使打得再狠，儿子连哼都不哼一声。与此同时，儿子的成绩也一落千丈。

后来，儿子开始和社会上的一些小混混搅和在一起，老陈更是见一次打一次，于是儿子开始玩起失踪，经常几天都不回家。有一次，儿子瘸着腿回到家，老陈一看，又是一顿打。第二天，儿子再次失踪。等再见到时，已经是将近20年后的事了。

多年后，儿子仍然瘸腿，已经落下了终身残疾。为此，老陈悔恨交加，愧疚不已，但一切都无法挽回了。每想到此，老陈就不禁老泪纵横。

都说"棍棒底下出孝子"，但更多的时候，棍棒对孩子造成的摧残是无法弥补的。教育家蒙台梭利曾说："每一种性格缺陷，都是由童年的不幸造成的。"而造成童年不幸的原因，往往是父母把自己的负面情绪发泄到孩子的身上。

其实，当父母为了发泄情绪而教训孩子时，在孩子的心里就已经埋下了憎恨的种子；只有理解和宽容才是教育，因为父母的理解和宽容，就是在孩子的心里种下感恩的种子、成才的种子。

著名的画家达·芬奇是一位艺术天才，但达·芬奇之所以获得巨大的成功，与他父亲的教育是分不开的。

6岁那年，达·芬奇上学了，虽然他在学校里学了很多知识，但他最感兴趣的还是绘画。有一天，在课堂上，达·芬奇不但没有认真听讲，而且还给老师画了一幅速写。老师发现后很生气，把达·芬奇的父亲请到学校来，让他好好教育喜欢捣蛋的达·芬奇。父亲为了给老师一个台阶下，于是便当着老师的面狠狠地批评了达·芬奇，而且还越说越"生气"，大有要将儿子狠狠揍一顿的架势。老师见状，赶忙把达·芬奇的父亲拉住，并劝其"息怒"。

然而，一回到家，父亲马上换了一副笑脸，不但没有再骂达·芬奇，反而夸奖他画得很好，并决定培养他在绘画方面的才能。

16 岁那年，父亲把达·芬奇带到画家维罗奇奥那里学习绘画。在维罗奇奥的指导下，达·芬奇刻苦学习绘画技巧，不断提升自己的绘画水平，最终成为一位天才级别的画家。

在这个案例中，如果达·芬奇的父亲听了老师的"告状"后，觉得儿子的调皮捣蛋让自己丢脸，于是把他教训一顿，那么达·芬奇也许会成为一位好学生，并顺利完成学业，找到一份好的工作，但极有可能不会成为一位天才画家。

所以，作为父母，与其每天抱怨孩子不听话、不上进、不成才，不如对孩子多一些理解和宽容。其实，孩子并不是不懂事，当他做错事情时，如果你没有批评他，反而原谅他、鼓励他，那么他往往会努力改正自己的缺点和过错，以回报你的宽容。当然，对于孩子的宽容，也要有一个"度"，也就是说，要在孩子意识到自己错误的基础上宽容他。如果对孩子所有的错误都一味宽容，那便成了"纵容"，那就与教育的初衷背道而驰了。

其实，衡量教训与教育的差别，只有一个标准，那就是父母对孩子的爱，是无条件的，还是功利化的。无条件的爱，是我爱你，不是因为你拥有什么或者学会什么，而是因为你是我的孩子，并因为爱你而爱全天下的孩子；功利化的爱，是你必须听话我才爱你，你必须成绩好我才爱你，你必须在社会上取得成就我才爱你。

所以，当我们无条件地爱自己的孩子时，我们就会发现，孩子不需要我们的教训；即使是教育，也只是我们自我教育而已。

第四章
真的爱孩子，就要学会情绪管理

关于家庭教育的核心理念，我一直认为是："教父母，育孩子。"也就是说，父母要先学会自我教育，然后才能养育孩子。而父母的自我教育，一定要从心开始。虽然我们看不到自己的内心，但它对我们的影响却无处不在，并且时时刻刻都在发挥着作用，尤其是对于我们情绪的主宰，更是百分之百。心理学家研究表明，一个人的成功，20% 与智商有关，另外的 80% 则取决于情商。为什么会这样呢？因为智商代表的是大脑，也就是智力水平；情商代表的是心，也就是智慧的高低。所以，一个智商很高的人，不一定能够管理好自己的情绪，因为他主要是用大脑去思考问题；而一个情商很高的人，不但能够管理好自己的情绪，而且还能够把事情处理得很圆满，因为他能够善用其心。

3岁看大，7岁看老

中国有句俗话："3 岁看大，7 岁看老。"这句话实际上已经简单明了地概括了一个人在幼儿时期心理发展的规律。从 3 岁孩子的心理特点、个性倾向，就能看出这个孩子在青少年时期的心理与个性的雏形；而从 7 岁的孩子身上，也能看到他中年以后的成就和功业。那么，这个说法在今天看来，还有没有道理呢？

美国心理学家布鲁姆曾对近千名儿童从出生一直到成年进行了追踪研究，结果表明：7 岁之前是孩子智力发展最为迅速的时期，如果把 17 岁的智力水平看作 100%，那么孩子在 4 岁之前就已经获得了 50% 的智力，其余的 30% 是在 4~7 岁间获得的，剩余的 20% 则在 7~17 岁间获得。由此可见，孩子从出生到 7 岁这一段时期，是他的一生中极为关键的阶段，也是家长必须密切关注和把握的阶段。

除了智力的发展，孩子的性格也是在童年时期养成的，而性格也往往会决定孩子一生的命运。大部分成功的人士，基本上都是在童年时期就已经拥有很好的性格，所以才能在成长的过程中不断创造机遇，从而拥有不平凡的人生。

我们都知道，人的性格是分为很多种类型的。例如：有内向的，也有外向的；有好静的，也有好动的；有急躁的，也有沉稳的；有细心的，也有粗心的；有果断的，也有多疑的；有开朗的，也有忧郁的；有乐观的，也有悲观的；有热情的，也有冷漠的……而且，每一个人的性格，往往是许多种性格的复合体。比如一个孩子的性格是内向的，但他同时也是急躁的，还可能是多疑的。一个人的性格，往往有他的核心主体，也有一些其他方面的性格。

而性格对于孩子的生活、学习、工作等影响是巨大的。比如，在现实生活中处理事情时，往往要根据不同的事务、不同阶段的需要，采取不同的策略，这就需要我们用理智来控制和调节自己的性格，从而达到出奇制胜的目的。凡是读过《三国演义》的朋友，肯定对"空城计"这个故事的印象十分深刻：司马懿因为认定一贯以小心谨慎著称的诸葛亮不会冒险采取"空城计"这一招，认为城内一定会有伏兵，因此决定放弃进攻，退兵而去。在这个故事中，诸葛亮恰恰是用理智调节了自己的性格，从而巧妙地利用了司马懿多疑的性格，顺利化险为夷。

由此可见，所谓完美的性格，就是能够理智地控制和调节自己的性格，根据客观需要，采取相应对策。那么，作为父母，应该如何在孩子性格形成的关键期，帮助孩子塑造出完美的性格呢？下面我们就从孩子的几个年龄段来分别谈一谈。

1. 0~3 岁孩子的性格塑造

0~3 岁是塑造孩子性格的黄金时期。很可惜的是，许多父母认为这个年龄段的孩子什么事都不懂，跟他说什么都没用，所以除了偶尔逗孩子玩之外，并没有刻意要对孩子进行性格方面的培养，结果错过了黄金时期，非常遗憾。

其实，刚出生的孩子，虽然还不会说话，但孩子还是能够明白父母在说什么，并且看懂父母的表情。所以，从孩子刚出生的那天开始，父母就可以培养和塑造孩子的性格。那么，到底应该怎么做呢？方法其实也很简单，就是多陪伴孩子，并主动和孩子说话，尽管孩子还无法和父母对话，但他并不是什么都不懂，他只是在用"心"和父母进行交流罢了！可以这样说，父母多和孩子说话，对于孩子智力的发育，以及性格的形成都是非常重要的。所以，作为父母，在孩子出生以后，就应该和他多说话，等到孩子1岁之后，逐渐学会走路了，父母就可以有意识地领他到一些场合，多见一些人，多长一些见识。这个时候，尽管孩子只是学会简单的发音，但可以引导他向所见到的人打招呼，这对于孩子良好性格的形成是非常有利的。

另外，孩子在3岁之前，虽然还不懂事，但父母还是应该不厌其烦地给他做引导，例如：孩子见到好吃的、好喝的，往往急于去拿，这时父母就要劝说孩子，不要急躁，慢慢来，等一切准备好后，再开始吃、开始喝，这样反复地去指导他，孩子自然就懂了。

其实，一个人的性格到底是外向还是内向、急躁还是沉稳、活泼还是安静……基本上都是在0~3岁这段时间形成的，父母一定要有意识地去培养孩子的性格，而且越早越好。

2. 4~7岁孩子的性格塑造

4~7岁是孩子性格多变的时期。在这个时期中，孩子所面临的环境开始有所改变，比如学习环境的改变，交往伙伴的改变，等等，这些都会影响孩子从而使性格发生变化。而在这个特殊时期，父母应该着重培养孩子的心胸，让孩子学会关心别人，同情弱小群体。这样，不但可以培养孩子对生活的热爱以及对他人的关心，还可以让孩子拥有一个博爱的心胸。

我们经常见到这样的情况，家里来了亲友，父母担心孩子不懂事而扰乱大人之间的交流，所以常做的事就是把手机塞给孩子，让孩子自己去玩。这种做法其实是欠妥的，甚至是错误的。真正有心的父母，会在家里来客人时，利用这个机会，引导孩子有礼貌地招呼客人，这不仅是一个礼貌教育的机会，也是培养孩子热情待人的机会，如果忽略了这些教育，有可能让孩子形成冷漠的性格。

3. 8~13岁孩子的性格塑造

8~13岁，是孩子性格的最终形成时期。这个时期，父母要多观察孩子在待人接物的过程中表现出的性格特点。例如，一个性格十分急躁甚至是暴躁的孩子，遇到事情时，基本上无法冷静思考并妥善处理。这时，父母应该耐心地帮助孩子分析，告诉孩子不管遇到什么事情，都要先冷静下来，因为只有冷静下来，才能对事物进行思考，最后找到正确的解决方法。

当然，有些事情可能比较复杂，对于一个只有十来岁的孩子来说，要让他妥善地处理，显然也是不现实的，更何况每个孩子的性格也是千差万别的。有的孩子比较坦率，遇到什么事，都能够直截了当地把自己的想法说出来，很坦然地面对这些事；有些孩子却不是这样的，他会把事情藏在心里，甚至会胡思乱想，不断猜疑。这也是孩子性格复杂的表现。所以，父母不妨抓住一些实例教育孩子，不管是对人，还是对事，都要坦诚相待，不应该只凭主观去猜测，这不仅是思想品质问题，更是性格塑造的问题。因为孩子在13岁以后，他的性格基本上就形成了，之后如果没有遇到一些特殊的情况，性格是很难改变的。

另外，还有一个让很多父母头疼的问题，那就是孩子在性格上的执拗，他想干什么，或有一个看法，有一个主意，虽然是错误的，但不管父母怎么规劝，怎么说服，孩子都很难听得进去，也很难做出改变，继续抱着那种错误的想法不放，弄得父母一点办法都没有。对于这样的孩子，父母应该怎么办呢？

当孩子执着地坚持自己的意见和看法时，做父母的首先要冷静下来，仔细分析一下孩子的想法中是否有某些合理的部分和因素，而不是一口否决，没有商量的余地。同时，要尽量避免无效的唠叨，要肯定孩子那些看法中合理的部分，然后再用商量的口吻，帮孩子找出那些想法中的不足之处。最后再明确地告诉孩子自己的想法，以及更合理的处理方案。当然，在说出自己的想法之后，要给孩子一个考虑的时间，相信大部分的孩子在得到父母的理解之后，都会做出正确的选择。如果孩子的选择和父母仍不一致，也不用太着急，不妨再寻找契机，多和孩子沟通。其实，父母处理问题的方法，同样会潜移默化地影响孩子的思维和做事的方式，对孩子的性格起着榜样的作用！

冲动是魔鬼

2022 年 11 月 9 日，某市警方发出一则通报，通报内容如下：

11 月 8 日 19 时许，家长鲁某某（男，33 岁，某医院社会聘用制人员）因当天上午其儿子在幼儿园与同班男童争抢玩具时被对方戳破头皮，到对方家中讨要说法。期间，鲁某某情绪激动，用手击打该男童面部，致其仰面倒地。该男童祖父祖某某先后持塑料椅、木椅与鲁某某发生肢体冲突，被鲁某某推倒致腿部骨折。目前，鲁某某因涉嫌故意伤害被公安机关依法刑事拘留，案件正在进一步侦办中。

警方的这则通报，虽然很简短，但事情的前因后果却说得很明白，那就是鲁某某的儿子在幼儿园受到同学的伤害后，作为家长的他，为了给自己的儿子撑腰，亲自出马，直接到儿子同学的家中进行报复。于是，接下来便出现了这样的画面：一个 33 岁的成人男子，一巴掌将一个 5 岁男童打倒在地；随后在与男童的爷爷发生肢体冲突的过程中，又一把将其推倒，导致对方腿部骨折……

其实，孩子之间因为相互打闹而引发伤害是比较常见的事情，在自己的孩子受到伤害之后，如何妥善处理，是每一位家长必须考虑的问题。当然，这类事情并没有一个标准的处理方式。一般情况下，如果孩子是在学校受到伤害，那么学校的老师要负相应的责任，所以家长首先要做的，就是及时与学校的老师联系，了解事情的大致情况，然后再告诉对方的家长，共同商讨解决方案。总之，当自己的孩子受到同学的伤害后，你可以追究学校的责任，可以向对方的家长提出合理合法的要求，也可以通过法律手段进行维权……唯独不能做的，就是自己亲自动手。

而在上面的这个案例中，鲁某某本来是占理的一方，从理智上讲，他完全可以选择更好的解决方案，因为主动权在他这边。但是，由于他太"爱"自己的孩子，所以在冲动之下，他选择了用极端的方式来解决问题，结果由主动转为被动，不但断送了自己的前程，而且还将自己的家人置于舆论的旋涡中。因为从社会的底线来看，未成年人（尤其是幼儿）之间的矛盾和冲突，相对来说，还是在可控的范围之内，一旦成年人直接介入，尤其是以暴力的方式介入后，就会使事件的性质发生改变。一方面，成年人的力度已经完全超越了孩子所能够承受的范围，比如在这个案例中，一个 33 岁的成年人打一个年仅 5 岁的幼童，前者是绝对的强者，后者是绝对的弱者；另一方面，家长使用暴力的方式来解决问题，不但自己会受到法律的制裁，而且还给自己的孩子做出了极差的示范。所以，当家长直接介入孩子的冲突时，虽然从表面上看是为自己的孩子撑腰，实际上却让孩子受到更大的伤害。其实，孩子之间由冲突所造成的伤害，只是皮肉之伤；而家长直接介入给孩子造成的伤害，则是精神上的伤害，这种精神上的伤害，往往需要孩子用一辈子的时间来治愈。

所以，如果我们真的爱自己的孩子，除了在日常的生活中需要细心照顾好孩子，更要在孩子受到别人的伤害后，从理性的角度，认真考虑如何处理才能对孩子更有利，尤其是对孩子的成长更有利；而不是让情绪主宰自己，为了意气之争，或者单纯只是为了出口恶气而做出极端的选择，结果使事情变得更加糟糕。

心，才是幸福的关键

很多孩子之所以沉迷于电子游戏，最后荒废了学业，主要是得不到父母的关心，感受不到家庭的温暖造成的。当然，父母也会觉得很委屈，毕竟自己每天工作赚钱，也是累死累活的，不就是为了给孩子创造更好的生活条件吗？不就是为了能够让孩子上更好的学校吗？怎么就成了没有关心孩子呢？怎么就让孩子感受不到家庭的温暖了呢？的确，父母们所做的一切，都是为了孩子。但问题的关键在于，孩子更关注的，是父母平常有没有陪伴他，有没有在他受到委屈的时候及时安慰他。如果没有，孩子就会认为父母对他很冷漠，于是便把自己心灵上的需求寄托在游戏中了。实际上，这也是很多农村的留守儿童心中永远的痛。父母远走他乡，拼命赚钱，就是为了给孩子提供更好的生活条件，但孩子却往往在没有父母陪伴的日子里迷失了人生的方向，有的早早就辍学，有的染上各种恶习，有的甚至走向违法犯罪的不归路。

其实，在孩子的心灵世界里，万事万物对他来说都是那么美好，没有杂质、没有谎言、没有欺骗、没有威胁，一切都是直来直去，他们的行为都是基于满足自己某种单纯的需求而做出。如果父母因为平时太忙，对孩子的行为缺乏敏锐的观察和思考，就会对孩子的想法产生很大的误解，然后不分青红皂白地对孩子进行批评和教训，这样就会让孩子对父母越来越失望。因此，关注孩子的心理需求，可以说是父母们必须学习的课题。随着孩子年龄的不断增长，他的自我意识会越来越强，他会逐渐认为自己是最重要的，进而有了想引起父母注意的需要。也就是说，孩子开始渴望被父母重视和尊重，他可能会利用一些良好的行为来取悦父母，并希望得到父母的赞赏，从而满足自己的心理需求。而有些孩子则会使用不恰当的行为表达自己的不满，以引起父母对自己的重视。例如，有的孩子会用暴力表现自己的能力，如果没有引起父母的关注，他又会显得情绪低落、极端与消极。如果父母此时再对孩子横眉怒目，孩子受到的伤害就会更大了。

那么，父母应该怎样准确地了解孩子的心理，并满足孩子的需求呢？从我的经验来看，父母首先要主动倾听孩子的心声，这样才能了解孩子的心理需求。父母可以从了解孩子的兴趣爱好、性格特征、交往对象、消费习惯等方面，对孩子进行多方面的关注，并主动和孩子进行沟通。在日常生活中，不管平常的工作有多忙，父母也应做到每天腾出一些时间来陪伴孩子，这样才能及时发现孩子的细微变化，并从孩子的这些细微变化中了解他的心声和需求。

当然，父母在主动关注孩子的同时，也要给孩子留有足够的空间。儿童教育专家经过研究发现：当孩子在一种自由的状态中缓慢、持续地发展时，他对感官所接触到的一切事物，可以通过大脑将其特质提取出来，并成功地把这些事物联系在一起，构成一个适合自己生命状态的系统，并与环境和谐相处。所有这些，要靠孩子自己来建构。至于孩子如何建构，虽然目前尚未得知，但大量的事实证明，孩子能够依靠自身来建立理想的系统，这就需要父母为他提供一定的空间。因此，父母在陪伴孩子的同时，尽量做到不要控制孩子，给予孩子应有的自由。

而说到给孩子空间和自由，就不得不说到一个更为关键的话题，那就是要学会尊重孩子。我们要知道，即使是很小的孩子，也会有尊严，也需要得到别人的尊重。而父母对孩子的尊重，会让孩子变得越来越好，即使是"坏孩子"，也会逐渐变好。曾经有这样一个"坏学生"，学校里的所有老师几乎都对他失望了，但他的班主任却无意中发现了这个孩子非常讲义气，于是便安排他来管理班上的纪律。这件事令这个孩子万万没有想到，自己在学校里，向来都是人见人烦，而且早就习惯了，也就不以为意了，但现在竟然得到班主任的器重，这使得他又开始重新定位自己。于是，从那天开始，他好像变了一个人似的，不但自己再也不惹事了，遇到不良行为还能出面制止。渐渐地，他成为了一个受到老师和同学们欢迎的孩子。

实际上，从来就没有"坏孩子"，只是孩子还比较小，对是非的辨别能力也比较弱，因此很容易做错事，甚至会搞一些恶作剧。对此，父母不应只是简单地对孩子进行批评和训斥，而是应该给孩子改正的机会。所以，我们一定要相信"人之初，性本善"，更要相信所有的孩子都是求上进的。当然，这个过程需要父母的耐心引导。

总之，内心幸福才是真正的幸福，只要父母能够及时关注孩子心理上的需求，并做出回应，那么孩子的内心就会逐渐丰盈起来，当孩子的内心是饱满的、知足的，孩子自然就会成为父母快乐的源泉。

懂得感恩的孩子会走得更远

2021年8月，年仅14岁的全红婵，获得2020东京奥运会跳水女子单人10米跳台冠军。之后的几天，全红婵频频冲上各种热搜，其中令人印象最深的是：她直言不讳地告诉记者，自己之所以拼命训练，就是为了获得冠军后，可以用丰厚的奖金来给母亲治病。

原来，出生于广东省湛江的全红婵，父母都是农民，家里条件很一般。后来，由于母亲出车祸，导致身体常年不好，需要经常吃药，所以经济压力便成为全红婵家里的头号难题。于是，只有十来岁的全红婵，一边刻苦训练，一边默默把这个担子放在了自己的肩上，希望能够通过自己的拼搏，在奥运会上取得一个好的成绩，这样就可以让家里的经济状况得到好转，从而给妈妈提供更好的医治条件。

都说穷人的孩子早当家，而年仅 14 岁的全红婵，不但早早地当家，而且还成为万众瞩目的奥运冠军。而全红婵的成功，固然与国家的培养有关，与她个人的努力有关，但还有一个最关键的原因，那就是她是一个懂得感恩的孩子。正是怀着一颗感恩的心，让她在训练场上不怕苦，不怕累，甚至迎难而上。所以，在孩子幼小的心灵中种下一颗感恩的种子，对孩子今后的成长是极其重要的，因为心怀感恩的人，他的整个世界都充满了光明。

然而，在日常的生活中，很多父母总是抱怨孩子不听话，孩子则抱怨父母不理解自己；夫妻之间也是如此，男方抱怨女方不够温柔，女方抱怨男方不够体贴；在工作中，也经常出现领导埋怨下属工作不得力，而下属则埋怨领导不理解自己，不给自己提供一个能够让自己发挥才干的平台。总之，很多人对生活永远是抱怨，而不是感激，这样的人是很难体会到人生的快乐的。而之所以这样，最重要的原因，就是他们从小没有培养起一颗感恩的心。所以，为了能够让我们的孩子拥有一个幸福的人生，我们应该从小培养孩子的感恩之心，这样他们长大之后，就会时时怀有感恩之心，而不是遇到一点挫折就开始抱怨。

其实，教孩子学会感恩，可以从让孩子感谢自己的父母开始。要让孩子知道，即使是来自父母的最简单的衣食、最质朴的关怀，也无不倾注着父母对他们的爱。另外，父母还可以向孩子讲述自己的奋斗经历，让孩子知道父母艰辛的付出，并懂得珍惜自己拥有的一切。

一位父亲是这样教孩子学会感恩的：从孩子上小学开始，就让孩子学会记日记，而且只记录生活中美好的事情。他这样做的目的，就是让孩子学会发现生活中的美好，学会珍惜自己所拥有的一切。

如今，孩子已经上了高中，虽然自己的家境并不算好，但孩子并不抱怨，因为他已经拥有了父母很多很多的爱，并体会到生活中点点滴滴的美好。现在孩子仍坚持写日记，日记中大多仍是那些闪光的、充满正能量的东西。孩子总能保持着平和的心态，从不跟别人攀比，并且懂得为别人着想。所以，孩子在学校的人缘相当好，老师也很喜欢他。

事实确实如此，由于孩子的思想比较单纯，所以当我们教会他感恩自己的父母时，随着他慢慢长大，接触的人或事越来越多，他就会自然地把这种感恩的范围逐渐扩大，学会感恩老师、感恩同学，哪怕是对送给他一个微笑的陌生人，也会心怀感恩。

有一位母亲是这样培养自己女儿的感恩之心的：每年孩子生日，母亲总是会带她到医院去看望当年的产科医生，感谢医生让孩子平安地来到这个世界上，是他用精湛的医术迎接孩子的第一声啼哭；每当孩子在学校取得好的成绩时，妈妈也不是先夸奖她，而是首先提醒孩子，她的好成绩离不开老师和同学的帮助，所以应该要感谢他们。

这位母亲对女儿的教育，可以说充满了智慧，因为她明白，孩子终究要走出家庭，走向社会，如果孩子走向社会之后，只知道向社会索取，却不懂得回报社会，这样的孩子，他的人生是不幸的。只有让孩子明白，自己的成长与进步，与别人的关怀与帮助息息相关，孩子才会懂得感恩，并学会回报。

当然了，要让孩子学会感恩，懂得感恩，最好的方法是父母先给孩子树立起榜样，比如父母要经常向同事、亲戚、朋友表达自己的感恩之情，这样孩子自然就会向父母学习，并不断实践。天长日久，孩子就会自然而然地将感恩和爱的种子种到自己的心中。

改掉坏习惯的最好办法

培根曾经说过："习惯是一种顽强而巨大的力量，它可以主宰人生！"中国也有这样一句名言："养其习于童蒙。"的确，好习惯可以让孩子一生受益，而坏习惯会贻误孩子的终生。所以，一个合格的家长，应该是孩子良好习惯的设计者，同时也是执行者，而且开始得越早越好，因为孩子尚未建立自己的心理定式，是最容易培养习惯的阶段。

可以这样说，在孩子的人生道路中，成功者的经验能给他带来启发，父母、老师的教导能给他指引，但任何人都无法替代和左右孩子的行动，只有一种力量可以帮助孩子做到，这种力量就是习惯的力量。所以，孩子养成习惯的好坏，最终将决定他是否能够实现自己的理想和目标。

但是，很多父母会经常抱怨，从自己孩子的身上几乎看不到任何好习惯，坏习惯却一大堆，而且屡教不改，实在让人头疼，不知道该怎么办才好。

英国哲学家休谟到了晚年时，知道自己的时日不多了，于是便把门下所有的学生都召集起来，给他们上最后一课。上课的地点就选在空旷的野外。学生们席地而坐，静静地等待休谟给他们讲课，但休谟什么也没有讲，只是问学生："我们现在坐在什么地方？"

学生回答："我们现在坐在旷野里。"

休谟又问："我们的周围长着什么？"

学生回答："杂草。"

休谟又问："那你们说说看，怎样才能将这些杂草除掉呢？"

学生们觉得有些莫名其妙，因为他们根本就没有想到，一生都在探讨人生真理和宇宙奥秘的休谟，给他们上的最后一课，竟然会问这么一个简单的问题，但他们还是各自说出了自己认为很好的办法，于是有的说直接用手拔掉，有的说用火烧，有的说用铲子铲掉，有的说撒上石灰……

等学生们说完后，休谟微笑着站起来，说："今天的课就上到这里吧，你们回去后，按照各自的方法去除掉一片杂草。明年的今天，再到这里来相聚。"

一年后，当学生们又来到这个地方时，才发现四周已经不再是丛生的杂草，而是一片绿油油的庄稼，而此时的休谟也已经去世了。临终前，休谟给学生们留下这样一句话："要想彻底除掉旷野中的杂草，办法只有一个，那就是在上面种上庄稼。"

从这个故事中，我们不难看出休谟的良苦用心。的确，不管用手去拔，还是用火去烧，都可以将杂草除掉，但这都不是最彻底的方法，只有种上庄稼，才能让那些杂草没有生存的地方。而休谟给学生们上的这一课，并不是教学生们如何去除掉杂草，而是通过这件事米启迪人生——要想让我们的心灵不被喧嚣的尘世所干扰，唯一的方法就是不断地充实我们的心灵，不要让它空虚下来。

记得当初读到这个故事的时候，我首先想到的就是我们现代人的生活状态。作为父母，大部分人一直在抱怨自己孩子的身上有一大堆的毛病，比如懒惰、贪玩、拖延，等等；作为孩子，大多数人也在报怨自己父母的消极情绪，比如固执、霸道、否定，等等。为什么我们的身上有那么多的坏习惯，而且深受其害，却屡教不改呢？其实，原因很简单，我们之所以改不掉那些坏习惯，是因为我们没有好的习惯。所以，要想改掉那些坏习惯，方法也很简单，那就是多培养几个好习惯，让那些坏习惯没有立足之地。

那么，父母如何在日常生活中，帮助孩子养成良好的习惯呢？下面的几点建议，父母们可以参考一下。

1. 从小事做起

古人有一句名言："勿以善小而不为，勿以恶小而为之。"要养成良好的习惯，家长必须让孩子从点滴小事做起。例如，今日事今日毕，按时交作业，家长要抓住不放，持之以恒，一抓到底。经过长期训练，孩子便会养成好习惯。值得一提的是，在培养孩子的习惯时，切忌要求过多，全面开花。这样做的结果，往往一事无成，循环往复地提要求，没有一个要求落到实处，倒有可能养成一些不良习惯。所以，家长一定要循序渐进，一段时期抓一项，坚持不懈地培养一个好习惯。日积月累，逐步帮助孩子养成各种良好的习惯。

2. 专时专用的习惯

专时专用可以提高孩子的学习效率，但由于孩子年龄不同、个性不一样，每次能够连续集中注意力的时间长短更是不一样，因此，父母提出要求时一定要从实际出发。最重要的是教孩子自己给自己提出合理的学习要求，包括学习时间、内容、数量和质量等，这样，一旦孩子坐到书桌前，就会进入适度紧张的学习状态。当孩子按时完成了任务时，就要允许孩子休息、玩耍，这样，孩子的学习效率自然就会提高。如果父母只知道要求孩子学习，恨不得让他整天坐在书桌前看书、写作业，没有休息与放松的时间，这样反而容易养成孩子磨磨蹭蹭、不讲效率的坏毛病。

3. 严格要求，反复训练

任何习惯的养成必定需要训练乃至强化，对于孩子尤其需要规范其行为，才能培养出良好的习惯。习惯的养成与改变，在取得彻底胜利之前，不能有丝毫懈怠。一直要坚持到坏习惯土崩瓦解，好习惯根深蒂固的时候为止。

4. 培养孩子良好的学习心态

孩子学习的过程是艰苦的，但有苦也有乐。当孩子自觉性比较好的时候，应给予充分的肯定和鼓励，当孩子取得进步时应及时表扬，让孩子感到受到了重视，知道良好的习惯应该是个自觉的行为。当孩子自觉性比较差的时候，应严肃批评，去帮助他，让其改正缺点，张扬个性，奋发向上。

5. 及时改错的习惯

孩子的错误其实是他进步的契机，关键要看父母怎样引导孩子。如果引导得当，坏事就会变成好事。具体方法是：可以让孩子准备一支红笔，随时改正自己练习本和试卷上面的错误，以鲜艳的红色加深错误在脑海中的印象，然后再用另外一个本子，将这些错误收集起来，用"错别字举例""错题集"等形式进行分类，以警示自己，避免今后出现类似错误。时间一长，孩子自然就会变得谨慎和细心，再也不会犯一些低级错误了。

6. 认真书写的习惯

书写的好坏直接影响到老师对孩子的学习态度、学习质量的评价，卷面就是孩子呈现在老师面前的面孔，很多老师会不自觉地据此来打"印象分"。从另一个方面看，一个能够认真对待书写的孩子，往往也能认真对待学习。相反，一个连字都不愿好好写的孩子，我们很难想象他对学习会是一种什么样的态度。父母应该培养孩子认真书写的习惯，这样不仅可以提高孩子的书写质量，得到众多良好的评价，还能促使孩子养成凡事认真仔细的好习惯，提高孩子的整体素质。

总之，只要父母根据孩子的心理特点，采取有针对性的方法，不采取极端或粗暴的方式，就能帮助孩子养成良好的习惯。当然，良好习惯的养成，并不是一朝一夕的事，需要父母的耐心培养，勤检查和严督促，直到孩子达到"习惯成自然"为止。

心理学家威廉·詹姆斯曾经说过："播下一个行动，收获一种习惯；播下一种习惯，收获一种性格；播下一种性格，收获一种命运。"所以，请父母们行动起来吧！不要再整天盯着孩子的坏习惯不放了，改变一下我们的态度，从培养孩子的好习惯开始吧！

呵护好孩子的自尊心

每个人都有自尊心，而当一个人的自尊心受到伤害的时候，他所受到的打击程度，往往比肉体受到的伤害还要严重得多。而这一点，不管是成年人，还是孩子，都是一样的。然而，很多父母总是想当然地认为，孩子是自己生的，又不是外人，所以在跟孩子说话的时候，往往过于随意，甚至还带着情绪跟孩子说话，这样就很容易在不知不觉中伤害到孩子的自尊心。

在现实生活中，很多父母往往会遇到这样的问题，那就是孩子突然间不愿意跟自己沟通了，即使父母主动找他聊天，也只会说一些无关紧要的话题，不愿意进行深入的交流。于是，父母们不禁疑惑起来，是不是孩子长大了，有了心事后，就不愿意再跟父母交流了呢？其实，在我看来，虽然也有这方面的原因，但最主要的原因，或者说最直接的原因，就是孩子的自尊心已经受到父母的伤害，所以孩子不愿意再敞开心扉跟父母交流了。

宋朝词人辛弃疾曾写过这样一首词：

《丑奴儿·书博山道中壁》

少年不识愁滋味，爱上层楼。爱上层楼。为赋新词强说愁。

而今识尽愁滋味，欲说还休。欲说还休。却道天凉好个秋。

其实，孩子的自尊心在受到伤害之前，他的表现就如这首词的上阕所说的那样，每天都会有对父母说不完的话，甚至还会通过"为赋新词强说愁"来引起父母的重视；而当孩子受到父母无数次的打击，其自尊心已经受到严重伤害的时候，自然也就如下阕所说的那样，"而今识尽愁滋味"，即使有再多的话，也是"欲说还休"，只能埋在心里了，最后被父母逼得实在没办法，必须得说几句，也只能顾左右而言他："今天的天气好凉快呀！"

所以，作为父母，在孩子还愿意跟我们交流的时候，我们一定要及时回应，并拿出更多的耐心，该鼓励的时候就真诚地鼓励，该探讨的时候就认真地探讨，尽量避免嘲笑、讥讽、不耐烦等行为。

几年前，某卫视创办了一个大型节目，通过亲子户外真人秀表演，赢得了极高的收视率。

在一次节目拍摄的过程中，6岁的石头作为其他孩子的大哥哥，一直对几位小伙伴很照顾，在领食材时更是主动帮助提篮子，并耐心地给大家加油鼓劲。在大家面前，他总是表现出小男子汉的形象。但是，在某次节目的第二天，在爸爸划船拿食材时，石头一直在岸边喊加油，因为太投入而忘记了上厕所，所以在返回的途中，还没到家就大喊着"憋不住了"，结果还没等解开裤子就尿了一身。怕被发现的石头面对镜头非常害羞，一溜烟儿就钻进了卧室。换下裤子后，就一直躲在被子里，听到爸爸在说他尿裤子的事时，便不好意思地用被子把脸捂住了。

后来，石头终于出来了，爸爸晒好了裤子，还开着玩笑问："这是谁的裤子啊？"连问了几次，石头涨红了脸，终于忍无可忍，大声嚷道："哎呀，我知道了，我知道了，那你也不用一直说吧！"

石头的这种反应，或许我们觉得很好笑，但这实际上是一个6岁的孩子在自尊心受到伤害时的表现。对于成年人来说，每个孩子都会经历尿裤子的事，所以也不觉得有什么，拿来开玩笑也非常自然，甚至是一种有趣的调味剂。但是我们要知道，在这次活动中，石头一直是其他孩子的大哥哥，而爸爸在拿他尿裤子这件事开玩笑时，自然就伤到了他的自尊心。

在很多家长的观念中，往往会有这样的一个误区，那就是觉得孩子还小，什么都不懂，所以也就没什么自尊心可言。其实不然，孩子在3~6岁时，就已经有了强调自己尊严的愿望，希望自己能受到别人的重视和尊重。有些孩子的自尊心还很强烈，一旦让他们的自尊心受到伤害，就会给他们的心灵留下创伤，从而带来不良的后果。

我们都知道，孩子的自尊心是在生活的点滴中逐渐培养起来的，所以父母在孩子面前所说的每一句话，所做的每一个举动，都有可能影响到孩子的思想和感情。然而，在现实的教育中，很多家长只要觉得孩子有错，就会忍不住在第一时间进行纠正，恨不得让孩子一下子改过来，甚至还会在大庭广众之下教训孩子，把孩子数落得一无是处。其实，这种做法是对孩子人格的羞辱，对孩子自尊心的伤害是很大的。

在现实生活中，有的孩子晚上尿床时，家长往往会讽刺挖苦，而且还在第二天将这件事告诉老师和其他小朋友，让孩子"当众出丑"，以为这样做就可以让孩子引以为戒。殊不知，如果家长经常让孩子出丑，久而久之，就会让孩子变得不以为耻，反倒习以为常，这样就会在无形中让孩子养成了坏习惯。所以，作为父母，在孩子犯错的时候，在教育孩子的同时，应该给孩子留点面子，尤其要尽量避免当着别人的面训斥、指责孩子。

孩子越小，心灵越不设防，就越需要父母给予小心呵护。所以，作为父母，一定要正确地对待孩子的成败体验，比如学习成绩。他成绩好时固然应该予以表扬，但他成绩退步了，他依然是好孩子。这个时候，父母除了让他从失败中寻找原因之外，还应该多给他理解和支持，因为孩子在这个时候是最需要鼓励的。

有些孩子做错了事，自己已经很内疚了，而这时如果家长再对他冷嘲热讽，甚至打骂，就会严重挫伤孩子的自尊心，甚至导致孩子产生一种"破罐子破摔"的心理，变得越来越差。所以，在孩子做错事时，父母应多关心、体谅孩子，让他知道人人都会犯错，只要知错就改，下次不犯就行了。只有这样，孩子才能将消极情绪排解掉，用积极乐观的态度去面对更多的挑战，并且越来越自信。

儿童心理学家詹姆斯·杜布森曾经说过："有千百种方法可以让孩子失去自尊心，但重塑自尊心却是一个缓慢而困难的过程。"的确，家长以什么样的态度和方法来教育孩子，对孩子的自尊发展有着重要的影响。所以，父母在教育孩子时，一定要在端正态度的同时，讲究一定的方法和策略，尤其要时刻呵护好孩子的自尊心。

尊重孩子成长的规律

众所周知，不管是做什么事，都要顺应事物发展的规律，而不是按照自己的主观意愿，采取硬性的手段，因为那样的话其结果往往就会适得其反，所受的损失也是非常严重的。教育孩子也是如此，如果父母不尊重孩子成长的规律，那么"揠苗助长"这个故事就会一代又一代地演下去。

德国曾经有一个天才少年，叫卡尔·冯·路德维希。由于他的父亲望子成龙心切，一心想让他早早功成名就，强迫他除了吃饭睡觉以外，剩下的时间都用来学习，并禁止他做一切与学业无关的事情。卡尔8岁时，父亲就开始教他大学水平的数学课程，仅用了3年时间，他就修完了全部大学课程，11岁时，大学毕业。当时，大学教授们都曾预言他一定会成为世界级的数学家。但结果却非常令人遗憾，在读研究生后的一年里，卡尔很快就对数学失去了兴趣，随即他转入法律学院，但不久又对法律没了兴趣。少年时的辉煌瞬间转为暗淡。最终，卡尔只成为了一位既不用思考，也不用担责任的办事员。

一个本来很有天赋的天才少年，就这样在父亲的压制和残酷的教育下毁掉了，这是多么可惜呀！

从这个例子中，家长应该能得到一些启示。目前，大多数家长都已了解对孩子进行早期教育的重要性，这当然是好事，但很多家长又往往过于急切，在没有对孩子的天赋了解清楚、不知道该让孩子朝哪个方向发展的时候，就盲目地要求孩子学这学那，英语、钢琴、舞蹈、书画、电脑……只要是社会上流行的，都让孩子去学，从而剥夺了孩子娱乐和休息的时间。然而，结果会怎样呢？孩子的表现时常令家长失望。于是，家长又开始采取压制、强迫的手段，随即引起孩子的极力反抗……就这样，亲子关系在这种恶性循环的对抗中，变得越来越冷漠，最终的结果只能是孩子这个也学不好，那个也没学成，甚至和家长成了仇敌。这样的结果当然不是家长们想要看到的，但却是一种必然。

那么，父母应该怎么做，才能改变这种状况呢？

1. 不要压制孩子的好奇心

孩子一般都具有好问、好动的特点。有的孩子不管对什么事物都会充满好奇，会不停地问"为什么"，有的孩子还会是个典型的"破坏分子"，常常把家里的闹钟或妈妈买的新玩具拆得七零八落。应该说，这样的孩子已经逐渐显露出了他的潜能。这个时候，父母若不理解孩子的这些特点，而把孩子的这些好奇看成是淘气、捣乱，对孩子采取批评、冷淡、不理睬的态度，就会让孩子的智慧消失在萌芽状态中。如果因此把孩子教训得服服帖帖，就会让他从此对什么也不感兴趣，孩子的潜能也就真的被磨灭了。即使他会乖乖地学习书本上的知识，最后也只能是个书呆子而已。

教育孩子的真正目的，是要开启孩子的智慧之窗，把他培养成一个有理想、有创造力、有价值的人才，并让他能够敏锐地观察社会的善、恶，洞察社会的矛盾和缺陷。因此，善待孩子的好奇心，是每个为人父母者都该学会的事情。

2. 不要压制孩子的创造力

孩子玩耍时，家长在一旁助阵甚至参与其中，一直被视为教育的良方。但一项心理研究却认为：当孩子在玩耍时，如果家长不在旁边，他会更有创造力。很多时候，家长善意地参与和鼓励，往往会对孩子产生抑制作用，因为家长的参与会让孩子的娱乐变成一种有指导的活动，最终导致孩子的想象得不到正常的发挥，从而缺乏创造力。有些孩子甚至会因为家长在旁边而感到有压力，变得急于求成，结果往往事与愿违，失去了游戏的快乐。因此，当孩子已经学会自己玩耍后，家长应该放手，给孩子一个空间，让孩子充分发挥自己的天性与创造力。

3. 允许孩子犯错误

即便是有过人天赋的孩子，由于没有足够的经验，缺乏相应的技巧，犯错误也是难免的。作为家长，我们要允许孩子犯错误。当他做一件事情没有取得成功时，我们不能急于用语言或行动向他证明他的失败，也不能一味去批评、惩罚孩子，而是应该耐心地指导他，帮助他从失败中吸取教训，安慰他、鼓励他，让他从失败的阴影中走出来。只要不断帮助孩子总结积累经验，相信孩子肯定会有成功的那一天。

4. 不要过度批评孩子

孩子做错事的时候，家长必须对孩子进行批评和教育，但应以引导为主，让孩子心服口服，切忌采取体罚、责骂的粗暴方式。如果家长经常不分青红皂白地批评孩子，不仅会伤害孩子的自尊心，还会在孩子的内心留下一个极恶劣的暴君印象，从而失掉做家长的威信，导致孩子因害怕受指责，不愿意告诉家长自己遇到的问题，从而让亲子之间的感情产生隔阂。

其实，一个人的自私、凶恶、懦弱等不良品格的产生，大多来源于低劣的管教和过度的批评。有效的批评应该是告诉孩子怎样做才会改善他的行为，而不是进行人身攻击。比如，当孩子把一张并不理想的成绩单拿给家长看时，明智的家长一般都会这样对孩子说："没关系，这次你可能没有复习好，也可能是你考试的时候过于紧张，不过，这道题这么难你都能够做出来，说明你还是有进步的！"这样一来，孩子不但会为家长能够理解自己而心存感激，还会因为家长的鼓励而大受鼓舞。相反，如果家长对孩子说："怎么只考这点分呀，你在学校到底是干什么吃的？真是给我丢脸，看来我是白养你了，没出息的东西！"几句话说完，家长当然是出气了，但孩子也将从此一蹶不振，真的成为"没出息的东西"了。

总之，被压制的孩子是冷漠、自私、懦弱和依赖的，他甚至不懂得自己人格的价值。为了真正实现教育孩子的目的，不论在教育中还是在对孩子进行训练上，家长都应该以引导为主，允许孩子犯错误，尊重孩子的人格，不要过度相信权威，也不要过度批评孩子，更不能侮辱孩子。

孩子，不要着急吃那块糖

20 世纪 60 年代，美国斯坦福大学的米歇尔教授做了一个棉花糖实验，实验的对象是 3~4 岁的小朋友。米歇尔教授让这些孩子各自单独留在屋子里面，并给他们每人一块棉花糖，然后告诉他们，自己要离开屋子半个小时，在这半个小时之内，如果他没有把那块棉花糖吃掉，那么等自己回来之后，还会再给他一块棉花糖。也就是说，在半个小时之内，如果孩子禁不住诱惑，把那块糖给吃掉了，那他就只得到自己已经吃掉的那块糖；而如果他能够抵制住诱惑，坚持在半个小时之内不去吃那块糖，那么他就可以得到两块糖。按理说，这么简单的道理，孩子们应该会选择后者，因为只需要在半个小时之内不吃那块糖，就可以再获得一块糖了。然而，结果让人感到意外，很多孩子都没能经受住这个考验，在半个小时之内就把那块棉花糖给吃掉了。后来，米歇尔教授又进行了跟踪调查，结果发现，那些在半个小时之内把棉花糖吃掉的孩子，他们长大以后的表现大都很平庸；而那些没有着急吃掉那块糖的孩子，他们长大之后，大都获得了很大的成功。

上面的这个案例，虽然发生在60多年前，但在今天看来，仍然没有过时，因为今天的孩子与60年前的孩子相比，虽然环境不一样，国家不一样，面对的诱惑也不一样，但心还是那颗心，并没有任何变化。

其实，很多孩子之所以没有耐心，最大的原因，就是父母总是让孩子"心想事成"，当孩子有了一个愿望之后，就马上帮孩子尽快实现。然而，正如人心可以无限放大一样，人性的贪婪也是可以无限放大的——当孩子心中的一个"愿望"快速得到实现后，新的"愿望"就会随即而至，而且还是会迫切地希望这个"愿望"也能够马上实现……而一旦陷入这种贪婪的旋涡之中，即使是一个成年人，都很难做到全身而退，更何况是还没有分辨能力的孩子呢？

所以，针对人性的这个弱点，父母在日常的生活中，可以有意识地对孩子进行训练，比如教孩子学会等待，并享受等待的过程，因为孩子之所以越来越急躁，越来越贪婪，皆因不懂得等待的价值和意义。

那么，如何教孩子学会等待呢？父母在平时除了对孩子进行训练，也可以给孩子讲一些相关的故事，比如下面的这则寓言，就可以给孩子讲讲。

有一条小河，河岸的这边到处都是荒草、烂叶，而且荆棘丛生，但河的对岸却是繁花似锦，鸟语花香。然而，有些毛毛虫却生在河岸的这边，面对着自己如此糟糕的生活环境，这些毛毛虫十分向往到对岸去生活，但又不能马上过去，于是它们开始抱怨自己的妈妈为什么把它们生在这种鬼地方。蝴蝶妈妈听到毛毛虫们的抱怨后，便安慰它们说："你们知道吗？这边的环境虽然不是很好，但你们在这边生活会更安全，会让你们顺利地长大。等你们长大了，长出了翅膀，你们自然就能够飞到河的对岸去啦！"可是，毛毛虫们却不愿意等待，它们想现在就过去。

有一天，一个小男孩到河里游泳，不知不觉就游到了河的这边。有几条毛毛虫一看，以为机会来了，于是就迫不及待地落在那个小男孩的头上，想乘机让小男孩把它们"带"到对岸去。可是，小男孩很快便发现了自己头上的毛毛虫，于是三两下就把它们全给拍死了。

不久，河边又游过来一群鸭子。剩余的毛毛虫一看，又开始蠢蠢欲动，它们想借助鸭子"游"到对岸去，虽然它们知道这样做很危险，但还是有几条毛毛虫毫不犹豫地落在鸭子们的身上。刚开始时，那些鸭子并没有察觉到它们，所以只是慢慢地往河的对岸游去。然而，就在那些毛毛虫们为自己的聪明暗自得意时，鸭子们却发现了彼此身上的美味，于是便把它们当成美食饱餐了一顿。

即使这样，剩下的那些毛毛虫还是不甘心，它们仍然强烈地希望能够早点到对岸去，并不断地寻找新的时机。"机会"又一次来了，这一天，狂风大作，而且风是从河的这边往对岸吹的，于是毛毛虫们纷纷爬上落叶，希望这些落叶能够把它们"载"到对岸去。然而，非常不幸，由于风太大了，那些树叶落到水里没多长时间，就被掀翻了。这样一来，那些可怜的毛毛虫就被淹死在河里了。

最后，只有那只一直听妈妈的话，耐心待在河岸这边的毛毛虫，慢慢地长大，并变成了一只美丽的蝴蝶，它扇动着翅膀，高兴极了，因为它知道，自己终于可以飞到美丽的彼岸去了。

像这样的故事，不但可以父母给孩子讲，也可以让孩子给父母讲，因为孩子在讲故事的时候，会将自己真正地融入故事情节中，并想象自己就是那只一直听妈妈话的毛毛虫，最后破茧成蝶，顺利到达彼岸。

当孩子学会了等待，并真正享受等待的快乐时，自然就不会被外在的纷扰所迷惑，因为他只会注意到自己的目标，以及实现目标的方法。

给孩子的心田播种梦想的种子

林肯是美国历史上一位有影响力的总统。在林肯还很小的时候，虽然家境贫寒，但好学的他不但拥有一个聪明的大脑，而且胸怀大志。随着年龄的逐渐增长，林肯对于未来也开始有了自己的打算。当时，林肯最喜欢看的一本书是《印第安纳州修正法典》，并不止一次地向父亲说出自己的梦想："爸爸，我希望以后能够成为一名律师，我现在正往这方面发展，而且约翰·皮切尔法官也允许我到他的办公室去学习法律了。"

对于林肯的这个梦想，父亲显然是不敢想象的，于是他对林肯说："律师？我的好儿子，你有没有想清楚？你是我的儿子，而我是个移民，命中注定，你要跟我一样的。以后你只要能吃苦耐劳，成家立业是没有问题的。但要做律师？恐怕不太现实吧。"

但是，林肯的妈妈萨莉却鼓励他说："孩子，如果你想做什么，就大胆去做吧。"

"可……也许爸爸说得对，我是移民的儿子，是当不了律师的……"

"那只是他自己的想法！"萨莉温和地说，"你不是读过印第安纳州的宪法吗？里面说得很对，大家都是平等的。"

母亲萨莉的话给林肯带来了极大信心。于是，他开始拼命地看书，并朝着自己的梦想一步一步地靠近。最终，林肯不但如愿以偿地做了律师，而且还当上了美国的第 16 任总统，并被公认为美国历史上最有影响力的三位总统之一。

其实，不仅仅是林肯，所有的孩子都有自己的梦想，包括我们自己小的时候，也都拥有梦想。只是在如何对待孩子的梦想这件事上，父母们的做法就千差万别了。比如林肯的父母，对自己孩子的梦想，就持不同的态度：父亲认为林肯的梦想不可能实现，所以劝他不要想太多；而母亲则给予极大的支持和鼓励，因为她相信每个人都拥有平等的机会。林肯最后也在母亲的支持和鼓励下，为自己的梦想全力以赴，最终不但实现了自己的梦想，而且还成为美国历史上最有影响力的总统之一。

所以，作为父母，我们千万不要担心孩子的梦想不太靠谱，真正需要担心的是孩子没有梦想。只要孩子有梦想，不管他的这个梦想在我们看来是多么不切实际，我们都应该给予理解，然后再问孩子："那要怎样做，才能实现这个梦想呢？"

其实，孩子的梦想是各式各样的，与成人相比较，他们的梦想往往更加感性，也更加丰满。很多时候，他们的梦想来自于对一件事情无限度地发挥。在这个过程中，他们自由自在地遐想，不受条条框框的限制，当然也谈不上什么经验和认识。这些梦想，有的是可以实现的，有的是不可能实现的，有的看来似乎不可能实现，但实际上却包含着可以实现的因素，经过努力是可能达到的。所以，对于孩子的梦想，不管看起来多么幼稚和可笑，我们都不要轻易地去打击，而是要帮助他呵护好这些梦想。

美国的莱特兄弟能够制造出世界上第一架飞机，就是父亲对其梦想进行呵护和引导的结果。莱特兄弟小的时候，有一天晚上，他们在大树下玩耍，抬头透过树叶看到了天上有一轮又圆又大的月亮，两个人于是商定要把月亮摘下来，放在屋里，那样就不用点灯了。当天晚上，兄弟俩都为自己的这个想法高兴得彻夜难眠。

第二天，他们便开始为实现自己的梦想行动起来了。他们先是脱掉鞋子，向高高的大树爬去，快爬到树顶的时候，一阵风刮来，弟弟由于心中害怕，手一松，从树上摔了下来，幸好被一根树枝挂住了衣襟，才没有摔到地上。

父亲很快便知道了这件事，奇怪的是，父亲并没有责骂他们。而是一边给他们洗脸和包扎伤口，一边对他们说："月亮并没有长在树梢上，而是挂在空中，离地面还很远，你们爬到树上是摘不到月亮的，应该造一种会飞的大鸟，然后骑上它到空中去，才能摘到月亮。"

父亲的这句话又提醒了莱特兄弟，于是他们对飞到天上去摘月亮更加感兴趣了。从此，兄弟俩决心制造出一只能够飞的大鸟来，并亲自骑着这只大鸟到天上去摘月亮。后来，这只大鸟终于被制造出来了，虽然兄弟俩还是无法去摘月亮，但这已经让兄弟俩享誉全世界了。

从这个故事中，我们又进一步明白，对于每个孩子来说，梦想有着非凡的魅力，对他们的成长更是具有巨大的牵引和激励作用。心理学家认为，孩子的梦想其实是自我的理想化。父母帮助孩子向梦想迈进，会让孩子产生强劲的内驱力，他会在困难面前变得坚强、不退缩、主动去克服，并在征服困难的过程中得到快乐。

然而，很多家长对孩子的梦想，往往表现出不屑一顾的态度，有的甚至一棍子打死。比如，有的孩子对妈妈说，他长大之后要当飞行员，妈妈却撇了撇嘴说："就你那点成绩，在飞机上当清洁工都不会有人要。"这样一来，孩子梦想的幼芽刚刚萌发，就被母亲一脚踩死了，更让孩子丧失了做梦的勇气。如果这个妈妈能认真地去鼓励、引导，没准儿他长大后真会成为一名优秀的飞行员呢！

所以，孩子的任何梦想都是有价值的，因为梦想在孩子心中是最美的、最神圣的，它会激励孩子敢于想象，敢于努力。所以，不管孩子的梦想多么荒唐、多么可笑，它都是一个无价之宝。家长要珍惜孩子的梦想，千万不要向他们泼冷水，要引导他们把梦想描述出来，让孩子在对梦想的憧憬中，轻松而饶有兴致地学到知识。

让孩子慢慢来，一切都来得及

"揠苗助长"这个成语，是说古时候宋国的一位农民嫌田地里的庄稼长得太慢了，为了早日获得丰收，于是不辞辛苦地跑到田地里，亲自把禾苗一棵棵地拔高。结果可想而知，他这种违背自然规律的做法，很快就使那些禾苗枯萎而死去了。这是一个很浅显的故事，也是一个家喻户晓的故事，故事以那位心急的农民作为反面教材，以此来警示人们，不管做什么事，都要顺应事物发展的规律，而不是按照自己的主观意愿，采取硬性的手段，因为那样的话反而坏事。

然而，遗憾的是，很多年轻的父母在教育孩子这方面，类似于这种"揠苗助长"的行为却随处可见。

小枫刚读小学三年级，但每到周末或者寒暑假时，他几乎比平时正常上课还要忙。因为爸爸在假期时给他安排了各种各样的培训班，上午让他参加补习班，下午参加特长班，什么魔术、美术、英语……几乎什么都学，每天基本上都要忙到晚上 10 点以后才能睡觉。对于爸爸的这些安排，小枫每天都疲于应付，却又"敢怒不敢言"，因为爸爸给他安排这些培训课，都说是为他好，为了他以后的前途着想，是爱他的一种表现。只是，小枫一直不明白，爸爸既然爱自己，为什么要这样逼迫自己，甚至连正常的休息和娱乐时间都剥夺了呢？小枫实在想不通，最终竟然选择了离家出走……

从这个案例中，我们不难看出，小枫的爸爸不但严重剥夺了孩子的自由空间，而且还伤害了孩子的感情，最后逼迫孩子走向了极端。可以说，像小枫爸爸这样的家长是很多的，他们往往在孩子刚出生的时候，就开始按照自己的意愿精心打造孩子的未来，可谓是呕心沥血。孩子刚刚咿咿呀呀地学唱，他们便想着将孩子打造成音乐大师；孩子刚刚学会信手涂鸦，他们就想造就丹青圣手；孩子刚刚会背几句古诗词，他们就想打造文坛泰斗……当然，所有的这些愿望，想想并非不可，毕竟每个人都曾经有过天才梦，既然梦想无法实现，将其寄托在孩子的身上也无可厚非。但是，如果因此而对孩子进行过于严格的要求，甚至带着孩子四处拜师学艺，那就不可取了。虽然有的孩子也会在父母的威逼下逆来顺受，却也往往因此造成孩子在性格上的缺陷，这是非常可惜的。其实，作为家长，只要从孩子的兴趣方面入手，稍加培养、引导，用孩子的心态看孩子，做孩子的引路人，自然就会成为孩子的启蒙者。

当然，道理大家都知道，但真正事到临头的时候，很多家长往往又乱了阵脚。因此，要想真正杜绝"揠苗助长"的行为，家长们首先要走出对天才认识的误区。只要走出了这些误区，很多事自然就能看得更清楚了。

1. 不要让孩子过早面对"考试"

考试虽然是孩子在学习过程中必须面对的，但如果让孩子过早地面对考试，过早承受来自考试的压力，对孩子身心的健康成长是没有多少益处的。如今，相当多的孩子在1岁以内就开始学认字，3岁以内开始学外语，3~6岁的孩子已有七成以上都参加过各种培训班。日常生活中，孩子除了按照常规入托、入园外，业余时间基本上都在形形色色的培训班中度过，不断地

"充电""赶考"，这对孩子是很残忍的。

2. 不要将学习的范围限制住

大多数家长总是将教育和学习相提并论，混淆了学习的概念。很多家长会认为，孩子学习成绩的好坏就是教育效果的表现。还有很多家长错误地认为，只有识字、读书、讲英语、背唐诗等才算学习。于是，除了让孩子参加所谓的特色班、兴趣班之外，还让孩子在语文、英语和数学上猛下功夫。这样一来，孩子往往只知道书本上的一些知识，但对于生活中的一些常识却一无所知。这难道不是教育者的失败吗？

3. 神童不等于天才，天才也不等于神童

很多家长认为，只有"神童"才能成为"天才"，于是便千方百计地想让自己的孩子成为"神童"。为了让自己的孩子成为"神童"，很多家长对孩子进行严厉的，甚至是残酷的训练，结果不但没能让孩子成为"神童"，反而让孩子的心灵受到扭曲。实际上，即使你的孩子是"神童"，他长大之后也未必能成为天才；而真正的天才，他小时候未必就是神童。古今中外，这样的例子其实并不少见。

其实，衡量一个孩子能否成为天才，更重要的是看孩子能否拥有健康的心理、愉快的情绪、合作的精神、创造的能力，等等，而不仅仅是用成绩和分数来衡量。此外，家长们更应该知道，任何事物的成长都需要遵循一定的规律，孩子的成长更是如此。所以，不管你的孩子拥有多么聪明的头脑，也不管他的反应有多快，但有一点是很明确的，那就是他的身体和心理还没有发育成熟，还需要时间来成长。而孩子成长过程中的每一个阶段，都有不同的身体和心理承受能力，一旦孩子吸收的东西超过了他的承受能力，他在心里做出的第一个反应就是排斥那些超负荷的东西。

然而，遗憾的是，很多家长根本就没有意识到这些，只是强硬地给孩子套上那些无形的枷锁，逼着孩子去学奥数、弹钢琴、跳舞、绘画等。其结果往往是，孩子长大以后几乎再也不想碰这些东西了，甚至看到这些东西，心

里就会本能地产生反感和厌恶，以至于对当初逼迫自己的家长也产生一种冷漠心理。

总之，揠苗助长式的教育对孩子的危害是不言而喻的，由于很多家长只按照成人的要求和愿望苛求孩子，脱离孩子的成长规律，最后培养出来的，只能是没有个性，没有幻想，没有独立思考能力，没有创新精神和创造力的呆人，结果是让孩子赢在了起跑线上，却输在了终点线上。

所以，我们还是希望家长还给孩子一片自由、快乐的成长天空，把属于孩子的调皮、淘气、捣蛋、天真、活泼、烂漫的天性还给孩子。

第五章
真的爱孩子，就请用心陪伴孩子

很多宝妈奶爸都有这样的经历：在孩子还很小的时候，每次喂孩子吃饭时，孩子总是一边玩一边吃，如果手上没有玩的东西，就不好好吃饭。对于孩子的这种不专心，父母也相当苦恼，这不就是"身在曹营心在汉"吗？于是便想尽各种办法让孩子改正过来，但最后却发现，孩子总是"屡教不改"。后来，我们才发现，孩子的这种行为，并不是天生就有，而是从父母的身上复制过去的。对于这一点，虽然很多父母不愿意承认，但在事实面前，我们仍然需要反思。比如，孕期的宝妈，在怀胎的 10 个月里，到底有多少时间是用来与肚子里的孩子交流的呢？是不是稍微有点空闲，就开始不停地刷手机？至于孩子的爸爸，当然就更不用说了。再比如，父母在陪孩子写作业时，虽然人是坐在孩子身边，但手上是不是也拿着手机，嘴里催着孩子赶快写，心里却惦记着手机里的东西？其实，这种"陪伴"方式的危害是相当大的，因为孩子会以父母为榜样，表面上在写作业，心里却转着其他的念头。在这种情况下，想让孩子提高学习效率，那是不可能的。所以，如果你真的爱孩子，就请一定要用心地陪伴孩子，而不是应付，更不是敷衍了事。

不食人间烟火会让孩子"缺爱"

在一次聚会上，朋友小娟给我讲起了一段她的成长经历。

从记事开始，她就喝不了鸡汤和鸭汤，当然更别说是吃鸡肉和鸭肉了，甚至一闻到鸡鸭肉的味道，就会难受一整天；如果吃了，那么第二天就肯定会流鼻血。后来，结婚后就到了婆家，婆家人为了好好招待她，在吃饭的时候，自然少不了鸡鸭鱼肉。当时由于人多，大家也很热情，所以她也就不再顾及自己的"忌口"，不但吃了鸡肉和鸭肉，还喝了一碗浓鸡汤，结果却发现什么事也没有，第二天照样精神饱满，既不难受，也没有流鼻血。于是，在几天后回娘家时，她便主动吃鸡肉，喝鸡汤，结果还是没事。更为神奇的是，婚后仅半年的时间，以前身体上的一些小毛病也都自然好了。

我听了之后，也觉得不可思议，便半开玩笑地问她："是不是你婆家的风水很好呀？"

她回答："我婆家是普普通通的人家，我爱人也是很普通的一个人，并没有什么特别之处，和我家是典型的门当户对。"

我又问她："那你小时候是什么原因导致吃不了鸡肉的呢？是过敏吗？"

她听了我的问话，眼圈一红，随后眼泪便止不住地流出来："我家条件不是很好，我还有两个哥哥，从我记事开始，就听妈妈说，两个哥哥正在长身体，需要补充营养，所以家里有好吃的东西，都让他们先吃饱，而我妈自己是舍不得吃的，尤其是每次炖鸡汤或鸭汤的时候，她一次都没有喝过。而我看到妈妈舍不得吃，我自己也舍不得吃，只想着让两个哥哥多吃点。后来，身体也好像逐渐了解了我的心情，而且也很配合我，每次闻到鸡汤和鸭汤就头晕。"

听了小娟的诉说，我不禁感慨万千，原来一碗鸡汤里竟隐藏着如此让人心疼的真相。而小娟之所以喝不了鸡汤和鸭汤，以及身体的一些小毛病，实际上都是由于"缺爱"引起的，所以当她有了爱情的滋润之后，所有的问题也就迎刃而解了。但是，很多与小娟有类似经历的孩子，就没有那么幸运了。据我所知，很多从小"缺爱"的孩子，基本上都会有下面的这些"症状"。

第一，缺乏安全感。这是"缺爱"孩子的共性，而没有安全感的孩子，很容易走向两个极端：一种是自尊心极强，性格强势，更容易受情绪控制，而且脾气暴躁；另一个极端是自卑、自闭、心理抑郁。

第二，总感觉事事不公。"缺爱"的孩子非常在意别人对自己的看法，当发现别人好像对自己不太在意时，就会认为别人不喜欢自己，或者凡事针对自己，因此总觉得事事不公。

第三，人际关系比较紧张。"缺爱"的孩子之所以人际关系比较紧张，是因为他们让自己处于被动的位置上，不会主动去交朋友，甚至在面对别人的关心与示好时，也不懂得如何回应。这样的孩子，自然很难将自己融入到任何一个团体中。

而孩子之所以会出现这种"缺爱"的现象，并不是父母不爱孩子，而是父母对孩子的爱没有着落，也就是没有烟火气息。当然，像上面小娟的那个案例，是有点极端，毕竟是由她小时候的家庭条件导致的。但是，在生活条件已经普遍提高的今天，很多父母对孩子的爱，又走向另一个极端，那就是过分地保护孩子。比如，有的父母从来不让孩子吃凉的东西，结果导致孩子长大之后吃不了任何凉的东西，只要一吃就肚子疼；再比如，有的父母一直告诉孩子，所有的零食都是垃圾食品，弄得孩子连零食都不敢吃。而父母这种将孩子置于真空地带的爱，实际上却让孩子在成长的过程中一直"缺爱"，所以孩子长大后，这个也不敢吃，那个也不敢做。

相反，那些精神独立、人格健全、积极向上的孩子，基本上从小都得到了父母满满的爱。而这满满的爱，就隐藏在人间烟火之中，或许是一份炸薯条，或许是几袋零食，或许是一个冰激凌……正是这些烟火味所蕴含着的浓浓爱意，让孩子在今后的人生中走得更远。

当孩子从小受到烟火的熏陶时，他不但能够"高高山顶立"，而且还能够"深深海底行"，因此能够拥有更宽的眼界与更高的格局，在看待问题的时候，就不会执着于某个点，而是会从全局来考虑问题。而当一个孩子能够从全局的角度来看待问题时，日后不管是做人还是做事，都能够趋向圆融。

可以说，孩子健全的人格与优秀的品质，都是被父母充满烟火的爱熏出来的。当然，所谓的烟火之爱，不仅仅是给孩子提供必备的生活环境和物质条件，更是一种用心的陪伴。因为只有用心陪伴，才能够听得懂孩子的心声，才能够真正了解孩子的所思所想。

假装陪伴，只会带来更深的伤害

现在很多父母已经意识到了陪伴孩子的重要性，而且也愿意拿出时间来陪伴孩子。但是，也有一些父母在陪伴孩子的时候，往往一心二用，或者是身心分离——身在孩子这里，心却在别处。比如，在孩子写作业的时候，父母虽然是坐在孩子的身边，但手里却拿着手机，要么看朋友圈，要么玩游戏。也就是说，虽然名义上是在陪孩子，但父母和孩子却各做各的事，并美其名曰：互不干扰！最后又在心里告诉自己："我是一个合格的家长，因为我每天都在陪孩子。"

然而，这种假装陪伴给孩子带来的伤害，甚至比没有陪伴更严重，因为这种以陪伴之名行监督之实的行为，是最让孩子反感的。只是从两者的关系来看，孩子属于弱者，没有办法提出抗议罢了。这种表面上的陪伴，没有真正融入孩子的世界，真的是贻害无穷。我们先来看看下面的这些场景。

场景1：

女儿在玩乐高，爸爸在一旁玩手机游戏，已经打到第3303关了。女儿有一个地方始终弄不明白，想让爸爸来帮忙，但连喊了几次，爸爸只是"嗯"了几声，然后继续玩自己的，并没有理会孩子。女儿急得哭了起来，这时候妈妈刚好从外面回来了，进门后看到女儿在哭，弄清缘由后便和爸爸大吵一架。接下来，全家都笼罩在阴霾之中……

场景2：

在国外，一位父亲带着孩子在公园里游玩，父亲觉得孩子自己玩得挺好，于是便掏出手机，低头刷起屏来。半个多小时后，当他抬起头想看看孩子时，却发现孩子早已不知去向，这才开始着急起来，到处寻找孩子，却连孩子的影子也找不到……所幸，他们遇到的只是一家公益机构所举行的防拐活动，目的只是想试探一下孩子的防拐能力，以及家长的监护意识。

场景3：

一位妈妈带着10个月大的孩子到婴儿游泳池去游泳，把孩子放下水后，妈妈便坐在旁边，掏出手机只顾刷屏。不一会儿，孩子身体失去平衡，整个人被游泳圈套住，头朝下栽进水中后不断挣扎，时间长达3分钟。万幸的是，这时正好有另外一位家长也带着孩子前来游泳，才发现泳池中有孩子溺水，于是合力将其救起，并紧急送往医院，这才保住了孩子的生命。

从上面的这 3 个场景中，我们不难发现，家长这种假装陪伴的行为，至少反映出了亲子关系中的两种危机。

第一，情感危机。孩子不但情感非常丰富，而且十分敏感，当他们想要和父母互动和交流时，如果父母只顾玩手机而忽略了孩子，就会让孩子感到失望。而这种失望，实际上也是互为因果。今天，父母让孩子失望；明天，孩子也将让父母失望。

第二，安全危机。孩子越小，出意外的概率就会越大，而且这个意外与父母带孩子时是否用心有着直接的关系。所以，父母只要带孩子外出，就绝对不能只顾低头看手机，否则就有可能因为只图眼前的一时之快，而造成无法挽回的后果。

其实，对于这种假装陪伴，孩子也早就看在了眼里，并且付诸笔端。比如，2016 年 11 月，《扬子晚报》就曾刊登过这样一条讯息：

在刚刚过去的第二届全国少儿诗会中，常州市龙虎塘实验小学六年级学生费东的作品《手机》获得了一等奖，诗中这样写道："别人都要生二胎，我爸妈不用了，因为他们已经有了小儿子——手机……"

这位小学生的参赛作品《手机》之所以获得了一等奖，是因为他说出了大多数孩子的心声——在父母的眼中，手机比孩子的地位还要高，虽然人是在孩子跟前，但心却从来没有离开过手机。

其实，真正的陪伴也很简单，那就是让自己从内心里真正地爱孩子，这样我们就会自觉地放下手机，让自己融入到孩子的世界中，哪怕只是陪孩子一起看动画片、玩玩具、拼乐高……只要是身心合一，便是高质量的陪伴。

所以，尽管父母平常很忙，但只要在陪伴孩子的时候能够做到专注，对孩子来说也就够了。

拥抱，是爱的最好表达方式

有一首儿歌颇受孩子们的欢迎，这首歌是这样唱的：

妈妈总是对我说

爸爸妈妈最爱我

我却总是不明白

爱是什么

爸爸总是对我说

爸爸妈妈最爱我

我却总是搞不懂

爱是什么

爱我你就陪陪我

爱我你就亲亲我

爱我你就夸夸我

爱我你就抱抱我

……

这首歌之所以受到孩子们的喜爱，是因为歌中唱出了孩子们的心声。记得有位幼儿教育专家曾经说过："一个人一天需要4次拥抱，才能存活；需要 8 次拥抱，才能维持；需要 16 次拥抱，才能成长。"这些话乍一听起来，感觉有点夸张，但细想一下，才发现确实如此。毕竟我们人类有着丰富的感情，而很多的感情是通过肢体语言表现出来的。尤其亲子间的感情，不仅要放在心里，更要表达出来，才能让孩子懂得父母是多么爱他。相反，如果父母每天总有忙不完的活儿，或者一有空就抱着手机不放，当起了"低头族"，那么即使你口头上说自己是多么爱孩子，或者给孩子提供多么丰富的物质条件，孩子仍然感受不到你对他的爱。因为孩子是否感到幸福，并不是取决于住多大的房子，吃多好的饭菜，而是父母愿不愿意每天都抱抱他。

其实，真正有责任心的父母，在孩子刚刚降临到这个世上时，就已经开始了用心陪伴，而且将欢声笑语送给孩子。千万不要认为孩子还小，什么也不懂，实际上孩子在 3 个月左右就会出现微笑反应。当他看到家人熟悉的面孔或新奇的图画与玩具时，会高兴地笑起来，嘴里还会"呵呵"地发出声音，甚至会又抡胳膊又蹬腿，可谓手舞足蹈。另外，当孩子吃饱睡足、精神状态良好时，也会自动地微笑。随着年龄的逐渐增长，孩子也会越来越喜欢笑，所以父母应该尽量为孩子提供笑的机会，诱导孩子发自内心地微笑，让孩子的生活充满笑声。

儿童教育家陈鹤琴说过："如果你要了解孩子的个性和兴趣，明了孩子的能力和情感，自己就一定要参与到孩子的队伍中去。"因此，作为称职的父母，在为孩子奉献自己一颗赤诚的爱心的同时，还要放下架子，和孩子建立起朋友和伙伴的关系，以不泯的童心去叩开孩子心灵的窗户。这样，父母才能走进孩子的心灵，和孩子一起分享欢乐和笑声。当然，真正的朋友，还需要平等和尊重，宽容与期待。所以，父母在与孩子相处时，还需付出极大的耐心，这样才能和孩子成为真正的朋友。

每个孩子都有自己独特的天赋，而这些天赋在孩子成长的过程中，也会逐渐显露出来，而孩子在展示这些天赋的时候，也会给他带来极大的喜悦，孩子也乐于将这种喜悦与父母分享。比如，当孩子学会讲故事时，就会跟妈妈说："妈妈，让我给您讲一个故事吧！"当孩子学会唱歌时，就会跟妈妈说："妈妈，我教您唱一首歌吧！"这个时候，如果父母借口太忙，把孩子晾在一边，自然就会挫伤孩子的自尊心和积极性；如果父母能及时满足孩子的愿望，并适时夸奖孩子："谢谢宝贝，你真是太棒了！"这对孩子来说，无疑是最大的奖励。要知道，能和父母分享自己的喜悦，对孩子来说是一件多么愉快的事。而且，父母的肯定和夸奖，也会让孩子变得更加自信。这对孩子来说，都是一生中不可多得的财富。

真诚地赏识你的孩子

赏识教育首创者周弘，一位普通而又了不起的父亲。女儿婷婷刚出生时，就因为药物中毒而双耳失聪，医生给出的诊断是不治之症，这预示着婷婷这辈子只能在无声的世界中度过了。然而，作为婷婷的父亲，周弘决心自己来培养女儿，他相信自己的女儿一定能行。

周弘对婷婷进行耐心的训练，在4岁那年婷婷终于说话了，但在智力方面，与同龄的孩子还是有很大差距。周弘采用了"母语识字法"来教女儿识字，也就是用语言和文字对其进行同步教学：比如，看见太阳出来就写"太阳"，看见月亮出来就写"月亮"，看见水里的鱼儿就写"鱼"……两年过去了，婷婷6岁那年，竟然已经认识了2000多个汉字。

婷婷的改变，让周弘感悟出教育孩子的奥秘——真心地赏识孩子，真诚地赞美孩子。

当小婷婷念出第一首儿歌时，尽管很难听懂，父母还是连连夸赞："婷婷真是太棒了！"婷婷刚学会做算术题时，6道题仅做对了1道，但全家人却惊呼："婷婷真是太了不起了，竟然连这么难的题都能做对！"

在家人的赏识下，婷婷的潜力被源源不断地开发出来。奇迹也发生了：在8岁那年，婷婷就能够背诵出圆周率小数点后1000多位数字；仅仅用了3年的时间便学完了小学的全部课程，而且绘画、书法、写作，门门获奖；小学毕业时，婷婷以全校排名第二的高分考入初中；16岁时考上大学，成为中国第一位聋人大学生；21岁时，婷婷被美国加劳德特大学录取，之后又被美国波士顿大学和哥伦比亚大学录取为博士生……

婷婷是不幸的，因为她从小就失聪，一辈子都将在无声的世界度过；婷婷也是幸运的，因为全家人都是她的粉丝，而她的父亲更是她的头号粉丝，正是这些粉丝的培植，让她的人生因为缺憾而显得更完美。

而我们作为拥有健康孩子的父母，会怎么做呢？是不是总在埋怨孩子太笨、太不争气、太不听话？殊不知，孩子争不争气和父母的沟通交流有关，当我们积极地与孩子进行交流，并适当地夸奖孩子时，孩子就会越来越优秀；当我们很少陪伴孩子，或者给孩子贴上一些负面的标签时，孩子就会越来越消极。

其实，每个孩子的身上都有值得骄傲的闪光点，这些闪光点，需要父母拥有一颗赏识的心才能发现。比如，当孩子满地乱爬时，你会发现他的健康和活力；当孩子喜欢问这问那时，你会发现他拥有一颗好奇的心；当孩子喜欢"乱摸乱动"时，你会发现孩子拥有较强的动手能力；当孩子喜欢"胡思乱想"或"异想天开"时，你会发现孩子拥有丰富的想象力……总之，只要你赏识自己的孩子，就会不断地从他的身上发现一些闪光的地方。

那么，找到孩子身上的闪光点之后，父母应该怎么做呢？从我以往的经验来看，建议家长从下面的两点做起。

1. 及时赞美

作为父母，当发现孩子身上的闪光点，或者当孩子完成了一件他自认为了不起的事情时，如能及时地进行赞美和鼓励，往往会产生良好的效果。如果一时忘记了，事后也应该及时补上。比如，孩子生病了，在父母的说服下终于肯吃药了，就应该立即对孩子说："宝贝，你真勇敢！"如果当时忘了说，没来得及赞美孩子，可以等到孩子的病好一些之后再对他说："宝贝，你把药吃下去之后，身体好多了，你真勇敢！"

此外，孩子也有极强的自尊心和"虚荣心"，父母如果对孩子的优点当众赞美，对孩子来说，就是双重的奖励。比如，孩子学习很勤奋，父母可以当众赞美孩子："我这孩子学习很用功！"又比如，当孩子主动和客人打招呼时，可以这样说："好孩子，你真懂礼貌。"以后，为了维持这种赞美，孩子自然会养成主动学习、讲礼貌的好习惯。

2. 态度真诚

赞美孩子时，父母应该做到真诚，而不是故意吹嘘，盲目夸大孩子的优点或凭空捏造事实。这样做往往会产生两种结果：一方面会让孩子觉得父母是在作假，进而使父母在孩子面前失去威信；另一方面则可能会让孩子沾沾自喜，自以为了不起。比如，当孩子画出一幅画时，父母如果这样对孩子说："宝贝，你真是太棒了，画得比大画家还好，你怎么这么聪明啊！"这样的赞美往往会让孩子感到茫然。如果父母这样说："宝贝，你这幅画的颜色用得真好！"孩子自然就会明白父母是在赞美、肯定自己的绘画能力，也知道自己的长处在哪里。要知道，言过其实的赞美往往会在孩子内心播下虚荣和盲目自大的种子。

当然，在赞美、激励孩子时，也要掌握一个度，做到适可而止，不要一说起来就没完没了。因为这样做，反倒会让孩子不自在。实际上，不管是赞美的话，还是激励的话，都不是越多越好，最重要的是要有针对性。赞美、激励过多，往往会沦为空洞的口号，让孩子失去感觉，不再产生动力。当孩子对某种行为已经养成良好的习惯后，父母就可以适当减少对孩子这方面的赞美。比如，当孩子每天到了该学习的时候，就主动坐在书桌前翻开书本，父母就没有必要再对孩子说"宝贝，你真是个好孩子"之类的赞美之辞。如果一定要有所表示的话，可以给他一个温暖的拥抱或一些适当的奖励，这些都会给孩子以奇妙的力量。

善于发现孩子的长处

我曾经问过一些父母："你们家的孩子都有什么长处呀？"这时，有少部分的父母，对于自己孩子的长处可以如数家珍地说出来；而大部分的父母，却显得很无奈，因为他们觉得自己孩子的长处就是玩。也许是因为"哀其不幸，怒其不争"，所以这些父母经常对孩子说的口头禅，就是"你整天除了玩，其他的一无是处"，这句话对孩子来说，可谓伤害性极大，污辱性也极强。而孩子对此的反应，也往往是破罐子破摔，因为在他们看来，这就是对父母最好的"报复"。

其实，对于孩子贪玩这件事，只要我们静下心来想一想，就不难发现这里面也有可取的地方。比如上面的这句"你整天除了玩，其他的一无是处"，虽然在主观上是对孩子的极大否定，但在客观上却是对孩子的一种肯定。为什么呢？因为"整天玩"就是孩子的一种长处。如果父母能够看到这一点，就会发现孩子身上所具备的潜质。相反，如果孩子对玩都没有兴趣，那就真的是"一无是处"了。只是，如何让孩子从"整天玩"转变为"整天学习"，那就需要父母的智慧了。

其实，每个人都有自己的天赋，每一个孩子也都有自己的长处，这是毫无疑问的。当父母与孩子进行交流与沟通时，如果能做到善于发现孩子的长处，并进行正确的引导，就能让孩子的天赋得到最大限度的发挥，从而变得越来越优秀，最终成为卓越的人才。

如何发现孩子的长处，既取决于父母对孩子的关爱程度，也取决于父母对教育的认识水平。有智慧的父母会很快地发现孩子的强项，并因势利导，用孩子能接受和喜爱的方式把他领入智慧的殿堂，进而帮助孩子增长见识和开阔眼界。

我们可以从以下几个方面去用心观察孩子，并发现孩子的长处。

1. 从性格方面发现孩子的长处

德国化学家奥斯特瓦尔德读中学时，父母为他选择了一条文学的道路。老师在他的成绩单上写下这样的评语："他很用功，但过分拘泥。这样的人即使有着很完美的品德，也绝不可能在文学上发挥出来。"根据老师的评语，再对照孩子拘谨老实的性格，奥斯特瓦尔德的父母尊重儿子自己的选择，让他改学油画。可是，奥斯特瓦尔德既不善于构思，又不会润色，对艺术的理解力也很差，他的成绩在班上倒数第一。为此，老师的评语变得更加简短而严厉："你是绘画艺术方面的不可造就之才。"面对这样的评语，奥斯特瓦尔德的父母并不气馁，他们主动到学校，征求学校的意见。校长被他们的精神感动，专门为此召开了一次教务会议。会上，大家都说奥斯特瓦尔德过于笨拙，只有一位老师提到他做事十分认真。这时，在场的化学老师眼睛为之一亮，接着说道："既然他做事一丝不苟，这对于做好化学实验是十分必要的品格，那么，就让他试着学化学吧！"接受这一建议后，奥斯特瓦尔德真的很快就对神奇的化学入迷了，智慧的火花迅速被点燃，由此一发而不可收。这位在文学与绘画艺术方面均是"不可造就"的学生，突然变成了公认的在化学方面"前程远大的高才生"。最终，由于在电化学、化学平衡条件和化学反应速率等方面的卓越成就，奥斯特瓦尔德在1909年获得了诺贝尔化学奖，成为举世瞩目的化学家。

从奥斯特瓦尔德的成功经历中，我们不妨吸取他的父母在教育和引导孩子方面的经验。正因为他们在孩子迷茫时没有放弃，而是根据孩子拘谨老实的性格，接受了化学老师的建议，才为孩子的成才找准了方向，最终让他的聪明才智得到了最大的发挥。

2. 从兴趣方面发现孩子的长处

东东是一个十分调皮好动的孩子，他特别喜欢摆弄小零件，家里的小闹钟、录音机、电话机总是被他一会儿拆掉，一会儿又装上，很多东西都被他拆坏了。但东东的妈妈非但不骂他，还不时地表扬他爱动脑筋手又巧。有时候，她还特意把朋友家一些破旧的小家电要来供他摆弄，把会修理技术的亲戚朋友请到家中指导东东。东东上学后，妈妈还专门把他的这一特长介绍给老师，希望能让他在班级里发挥作用。这样一来，东东的表现就更积极了，虽然他的学习成绩并不出众，但他的性格却越来越开朗，对未来也越来越乐观和自信，他说自己长大后要当一名伟大的工程师……

从孩子的兴趣入手，可以帮助我们更好地发现孩子的长处，并获得良好的教育效果。试想，如果东东的妈妈轻视孩子的动手能力，常常责备他是个败家子，东东也就无法对学习产生欲望，更无法体验到学习的快乐和意义，还怎么能自信地去实现理想呢？

3. 从平凡处见非凡

一位幼儿园老师在评价本班孩子的美术作品时，举起一幅画，上面除了一些横竖线条之外，什么也没有。老师微笑着向孩子们介绍道："老师数过了，这位小朋友的画中一共用了 10 种颜色，是我们班使用颜色最多的小朋友。我们应该为他在这方面先行一步而感到高兴。"的确，这幅画看似一无是处，然而这位老师却从中找到了孩子的长处，于平凡处见非凡。

其实，每个孩子都有自己的长处，他们的能力是多方面的。即使是最普通的孩子也有优点，即使是最完美的孩子也有缺点。如果我们带着欣赏的眼光和审美的心情去看孩子，就必定能从他身上发现美好的东西。这正如艺术家罗丹所说："美是到处都有的，对于我们的眼睛，不是缺少美，而是缺少发现。"

4. 用长处带动短处

小芳是一名四年级的学生，平时又老实又安静。她天天坐在教室里，既不跟其他同学交流，也不看书，从不主动交作业，这并不是因为她不会做，只是不想做而已。无论老师怎么讲道理，她都无动于衷，老师开始感到有些无能为力，甚至对她失望了。后来，老师无意中知道小芳正在少年宫学画画，就留下了创作关于过年的美术作品这项寒假作业，还特别嘱咐小芳，要她务必把自己的这份作业拿到学校来。开学后，小芳果然带来了她的作品。面对着这张色彩饱满、构图美观的图画，老师惊呆了。她抑制着自己的惊喜，向全班同学展示了这幅作品，并激动地对小芳说："老师从来不知道你的画画得这么棒，让老师大开眼界！这说明你很能干，也很聪明。我不相信这么聪明的孩子会拖拉做作业会拖拉！试试看，把你学画画的劲头拿出来，一定能按时完成作业。"听了老师的话，小芳使劲地点了点头。从那天以后，小芳每天都能及时地完成作业并交给老师批改。后来，老师还在那周的小结中专门表扬了小芳。从此，小芳的精神面貌焕然一新，对学习的自觉性更强了。

聪明孩子是夸出来的，面对小芳不喜欢做作业的短处，老师很好地利用了小芳会画画的长处，"以长带短"，让她从此喜欢上了学习，这实在是教育孩子最高明的方法，也是值得父母们借鉴和学习的经验。

5. 适当"限制"孩子的长处

玲玲的妈妈发现自己的女儿很有弹钢琴的天赋，因为在没人教的情况下，玲玲居然能弹出曲子。为此，妈妈惊喜万分，立刻为女儿请来了专业的钢琴老师，还给女儿制订了教学大纲和远景规划。然而，一个月下来，玲玲一看见钢琴就头疼，再也不愿意摸钢琴了。

玲玲妈妈教育女儿的失败，正是因为"给女儿制订了教学大纲和远景规划"。孩子天生都有一种逆反心理，父母一定要注意。越不让干的事情，孩子往往干得越起劲，这就是孩子的天性。当我们发现孩子的长处时，为了保持这种兴趣和优势，不妨适当地对他的爱好加以"限制"。如此，孩子反而会因逆反心理而始终保持这个兴趣。当然，这种"限制"应该点到为止，以能够保持孩子的兴趣和劲头为度。

善于发现孩子的长处，需要父母对孩子多鼓励和多赞扬。只要我们不吝惜自己真诚的赞美，孩子自然就能从学习和成长中找到喜悦、自信，从而对学习的兴趣更浓，学习劲头会更足，进步也会更快。

呵护孩子的积极性

我们在和孩子聊天的过程中，总是听到他们这样的抱怨："爸爸妈妈什么也不让我做，除了学习还是学习！""我很喜欢拼乐高，但爸爸妈妈不但不支持，还给我报了一堆我不喜欢的兴趣班。""有时候我很想帮妈妈干点活儿，但她总是不信任我。""反正我现在干什么都觉得没意思，被打击习惯了。"……

而在和一些父母聊天的时候，却又得到这样的反映："现在的孩子太难管了，哪像我们小时候，父母说什么就是什么！""我那孩子一下弄这、一下弄那，有什么用？现在还是看成绩啊！""她呀，什么都好，就是学习不好。

要是真想孝顺我，就考个重点学校，我啥也不用她干！"……

不难看出，父母和孩子之间的这些问题非常普遍，他们常常觉得对方不理解自己，乃至有时还会用一些过激的语言和行为伤害对方，如此恶性循环，不但严重影响了亲子关系，也影响了孩子的健康成长。其实，这种情况大可避免。作为父母，只要能了解每个年龄阶段孩子的心理，改变并采用正确的教育方法，因势利导，不仅可以避免类似问题，还可以更好地引导孩子成长。

具体来说，理解孩子首先要学会保护孩子的积极性，甚至为孩子的积极性点赞。孩子因为天生好奇，本身就对一些事物有新鲜感和一定的探索欲。当孩子对某种事物充满好奇，渴望探索的时候，其实也是孩子主动学习的最佳时机。如果我们能保护孩子的这种积极性，再进行适当的引导，并加以鼓励，孩子不仅会对生活充满极大的好奇和热情，而且还可能在某一方面保持浓厚的兴趣，最终形成自己的爱好、优势，不知不觉中便实现了我们的教育目的。相反，如果父母缺乏耐心，因为担心孩子不会做、做得慢、做不好就代替孩子去做或加以阻拦，时间久了，不仅会让孩子丧失独立意识，而且会严重影响孩子的积极性，让他们失去主动学习的机会。所以，保护孩子的积极性对孩子的成长是非常重要的。

那么，父母应该如何有限度、巧妙地保护孩子的积极性呢？其实也很简单，当孩子对某一方面表现出兴趣时，父母放手让孩子去尝试并鼓励他就好。当然，放手前，父母需要评估安全性和可行性，只要安全、可控、可行，即使超出孩子本身的能力也没有关系。放手之后，孩子会根据自己的实际能力和情况去调整。这样将大大促进孩子的积极性，也能增加孩子了解自己的机会。

有一位妈妈一直就是这么做的。她在孩子 3 岁时，就经常带孩子去超市买东西，因为每次都会拎着一个购物筐，孩子看着好奇，也想自己拎着，妈妈觉得没有问题，于是就放手交给孩子。小家伙已经有了一定的力气，虽然有些吃力，但还是能把筐拎起来。这时，妈妈一边往里面加一些比较轻的食物一边鼓励地说："啊，我们的宝贝力气真大，都可以帮妈妈拿东西了！"听到这样的赞美后，孩子心里那个美啊！虽然累得出了汗，但小手还是没有离开筐。

当孩子再大一点时，他的"野心"变得更大了，又瞄上了购物车。当看见大人推着一个大大的购物车时，他又很好奇，自己也想推，这虽然远远超出了孩子的能力范围，但那位妈妈再三考虑后，还是放手把购物车交给了孩子。那么小的孩子推着购物车，难度自然可想而知。由于孩子的个头还没有推车的把手高，所以旁边的很多人只看见推车动来动去，就是不见人，都觉得很奇怪。有些老奶奶看见后，忍无可忍，甚至大声呵斥："你这个妈妈是怎么当的，你看车子多重呀，你的心真大！"但看到孩子还是那么开心，一副"我是小大人"的样子，那位妈妈对老奶奶的训斥也只是微微一笑。后来，只要孩子一到超市，不是拿筐就是推车，俨然成了妈妈的小帮手。

当然了，保护孩子的积极性，放手让孩子自己去做还仅仅是第一步，当孩子给我们沏杯茶或主动关心我们时，我们会感动地说声："谢谢，宝贝知道心疼爸爸妈妈了！"当孩子主动帮我们打扫卫生或干家务活儿时，我们高兴地说："哟，我们的宝贝真勤劳，不愧是爸爸妈妈的好帮手！"……但仅仅做到这一步还不够，接下来的第二步才是关键，那就是还要允许孩子犯错误，给孩子犯错误的机会。当孩子"好心办坏事"的时候，我们要耐心地说："没关系，你能这样做，爸爸妈妈已经很高兴了，再想想问题出在哪里？爸爸妈妈陪着你一起，宝贝要不要再试试？"……也就是说，当孩子在做事情的过程中出现了问题时，我们可以引导孩子想想问题出自哪里，找到解决办法，并暗示孩子：这次失败了没有关系，我们可以再来，下次一定可以做好！即使孩子受挫，只要父母有耐心、有方法，孩子仍然能保持这份积极性。当父母能够包容孩子犯错之后，还需要第三步，就是真正了解自己的孩子：他在想什么？兴趣在哪儿？当孩子对一只小蚂蚁观察许久或对某方面很感兴趣、钻研时，我们不妨兴奋地说："发现什么秘密啦？爸爸妈妈也很想知道，能告诉我们吗？"

可想而知，当孩子的积极性得到父母的肯定，孩子不但很开心，而且还会对很多事情充满兴趣，同时也培养了孩子的进取心，真可谓一举多得。

你就是孩子最好的玩具

10多年前，美国的儿童教育作家金伯莉·布雷恩出版了一本书，书名叫《你就是孩子最好的玩具》。这本书的中文版开始发行之后便迅速登上畅销榜，可见受中国家长的欢迎程度之高。这本书的简介是这样写的："你是否知道，你本人（没错，就是你！）比任何玩具都更让孩子喜欢和着迷呢？孩子们并不需要智力玩具或者电视节目，他们需要的是你！他们真正看重的是和你在一起的快乐时光，他们需要被重视，需要和父母单独相处而不被打扰的时间，需要和父母建立一生的亲密关系……"

确实是这样，在10年前，孩子最喜欢的无非就是玩具、电视、动画片等好玩的东西，但在孩子的内心深处，父母的用心陪伴，要远胜于这些外在的东西。今天，尽管孩子在这些玩具之外，又迷上了手机之类的电子产品，但孩子的内心仍然没有任何的变化——父母的陪伴，要远胜于手机的陪伴。然而，同样的矛盾也仍然没有变，那就是父母仍然"没有时间"陪孩子。

曾有记者随机采访了一些家长："您的孩子放假在家时，主要娱乐活动是什么？"在接受访问的 20 多位妈妈中，虽然年龄段不同、职业不同、教育观念也不同，但她们给记者的回复却是惊人地一致——玩手机。

当然，对于孩子沉迷于手机这个问题，很多家长被弄得焦头烂额，也有家长深感无奈。一部分家长认为，现在的孩子根本不可能离开手机，因为孩子的一些作业也需要手机或者电脑来辅助完成，所以让孩子彻底放下手机根本不可能；另一部分家长则认为，只要给孩子一部手机，自己就能轻松两三个小时，因为孩子只要玩上手机，就不会打扰父母了。

这些话，虽然说出了很多家长的心声，但也暴露了家长的问题。说是心声，是因为家长们面对各方压力，已经身心俱疲，所以希望平常休息的时候，能够好好放松，不要被孩子干扰，进而影响自己的休闲时光；说是问题，是因为家长们完全没有意识到，孩子迷上手机，完全是由自己促成的，当他们不想被孩子打扰的时候，认为只需要给孩子一部手机，问题就"解决"了，但实际上这是典型的饮鸩止渴，而且后患无穷。

相信我们都很熟悉这句古语："养儿方知父母恩。"因为养大一个孩子，需要父母付出很大的精力，尤其是在教育方面，更是不能有半点的马虎。所以，"父母"这个角色并不那么好当，因为这个角色需要责任、需要付出、需要陪伴——更重要的，是需要爱！试想一下，心中有爱的父母，会反感孩子的"打扰"吗？会只为了自己放松，就对孩子不管不顾吗？所以，为了自己能够放松片刻而用手机"贿赂"孩子的做法，实际上就是父母的一种"懒政"行为，如果不及时改过，最终便会导致双方受害。

另外，对于如何陪伴孩子，很多父母并没有清晰的认识，总是觉得只要自己待在孩子身边，就是陪伴了。这种想法，乍听起来好像也没什么问题，因为他确实陪了。但是，如果仅仅是在孩子身边待着，最多只能算是陪着，并不属于陪伴。因为真正的陪伴，是分为两个层面的，包括身体上的靠近和心灵上的互动。如果父母拿着手机坐在孩子身边聚精会神地刷屏，这种只有身体上的靠近，却没有心灵互动的行为，实际上就是一种敷衍，而不是陪伴。真正的陪伴，是父母要放下一切，然后将自己的身心都用在孩子的身上。

第六章
真的爱孩子，就让孩子玩个痛快

　　很多望子成龙、望女成凤的父母，在教育孩子的过程中，对孩子的管教也十分严格，往往除了学习之外，其他事情都不让孩子参与，尤其是玩耍，更是严格禁止，因为父母们认为，只有那些没有出息的孩子才会把时间花在玩耍上，而要培养孩子成才，就必须让他学习更多的东西。父母们的这种心情，当然可以理解。但是，我们千万不要忽略了这样一个问题，那就是玩耍是每个孩子的天性。而培养、教育孩子，首先要做到的就是顺应孩子的天性，并遵循孩子成长的规律。可以这样说，如果一个孩子在童年的时候，从来没有尽情地玩过，也不会玩，那么在他的一生当中，将是一个永远无法弥补的缺憾。

玩是孩子的天性，也是孩子的天堂

幼儿教育专家曾说过："玩就是学习，学习就是玩。"的确，对孩子来说，玩是最快乐的事，而且孩子每天都是一边玩一边学，在玩中学习。可以说，玩是孩子学习的一种方式，孩子在玩的过程中，不仅能够锻炼肢体，提高动手能力，而且还能促进智力开发，培养良好的情绪，进而认识丰富多彩的世界。而有智慧的父母，也在陪伴孩子玩耍的过程中教育孩子，包括什么时候该玩、什么时候该学、什么时候既玩又学，都有时间和原则，既可以避免一味地干涉和阻止孩子玩耍，又能做到不溺爱孩子，不让孩子牵着鼻子走，只为玩而玩，同时还能培养孩子从小养成遵守原则的习惯。

那么，父母应该如何陪孩子玩，并注意哪些事项呢？

1. 开发孩子的智慧，培养孩子的品格

玩是孩子智慧的开始和情感发育的过程，也是孩子发现自我的桥梁。孩子在玩的过程中，会发现许多有趣的科学现象、自然规律，并从中得到快乐。父母可以跟孩子搞一些小发明、小制作、养殖，等等，将玩与学很好地结合起来，让孩子在玩耍中达到触类旁通、提高技能、开发智慧的目的。另外，通过饲养小动物，还能培养孩子细心、耐心、善良、富于同情心等优良品格。

2. 发现孩子的天赋和兴趣

与孩子玩耍的过程中，父母应注意观察，及时发现孩子的天赋和兴趣爱好，并不断给予支持和鼓励。如果孩子善于背诵较长的诗句篇章，说明他有文学天赋；孩子听到音乐时就翩翩起舞或小声哼唱，说明他有音乐和舞蹈天赋；孩子玩玩具时，能自动按颜色、大小等分类，说明他有逻辑天赋；孩子在玩耍中喜欢异想天开，说明他有良好的观察力和想象力……

另外，父母要积极对待孩子的天赋和兴趣，因为在孩子还没有形成自己的人生观和价值观之前，天赋和兴趣绝对是激励孩子进取的动力。

3. 走进大自然，与万物对话

在假期或周末的时候，父母可以带着孩子走进大自然，让他和大自然中的万物对话，充分领略大自然带给人的那份愉悦。其实，大自然除了能给孩子带来清新的空气，还能让孩子学到书本里没有的东西，感受在家里、教室里没有的广阔天地。更为重要的是，与大自然的接触还会激发孩子的想象力和对学习的兴趣。如果让孩子长久地远离大自然，不仅会让他的想象力、创造力受到制约，还会让他丧失基本的生存能力。因此，为了孩子的健康成长，为了培养孩子的学习能力和创造力，父母应尽量让孩子多接触大自然，并和孩子一起在大自然中尽情玩耍。

所以，父母不管平时工作有多忙，也一定要抽出一些时间，融入到孩子的世界中，和他们分享那份童真，分享久违了的乐趣。同时，在和孩子玩耍的过程中，父母还可以不断地变化、推陈出新，让孩子在玩耍中学会思考，逐渐积累社会和生活经验。

请不要给孩子戴上"紧箍咒"

在英国，有一个叫苏菲亚·尤索夫的孩子，有着巴基斯坦与马来西亚两国血统。从她出生的那天起，父母就希望她将来能够出人头地，于是他们对女儿进行了严格的教育，严格到什么程度呢？可以说是到了残酷的程度。当然，他们的这种教育也产生了效果，尤索夫在 13 岁时就考入了牛津大学，攻读数学专业硕士学位。然而，这个看似前途无量的孩子，在硕士三年级考试结束后，为了摆脱父母的束缚，突然从学校消失了。随后，她在给父母的电子邮件里说："我已经受够了你们的虐待……"

苏菲亚·尤索夫的"出逃"引起了英国教育界乃至整个社会的高度重视。为此，许多教育专家纷纷发出呼吁，希望父母在对孩子进行教育时，要遵循孩子的成长规律，不要因为希望孩子成才而不择手段地采取一些极端的教育方法。因为那样往往会让孩子产生强烈的逆反心理，最后导致悲剧的发生。

今天，很多父母虽然对孩子关爱有加，但这些爱却往往像孙悟空头上的"紧箍咒"一样，让孩子备受压抑。很多父母可能会认为，自己把体力活儿全包下来，或者限制住孩子的玩心，就可以让孩子把全部的精力放在学习上。其实，让孩子干一些力所能及的体力活儿，就是锻炼孩子的动手能力，让孩子快乐地玩耍，就是锻炼孩子的创造能力。但如果我们把孩子的这两种能力都限制住了，便相当于把孩子的天才能力消灭掉了。如此一来，父母们望子成龙、望女成凤的愿望岂不成了无源之水、无本之木的空想了吗？因此，还是请父母取下孩子头上的"紧箍咒"，还给孩子一片自由和快乐的天空吧！

有些时候，孩子做出的事情会让成年人觉得不可思议，有时还会被弄得哭笑不得，但这都没有关系，这不正显示出孩子的可爱吗？如，浇花时，孩子除了会给花浇水外，还会想当然地给花篮浇水，甚至给皮球浇水；吃饭时会把饭菜撒一身，还会将掉在地上的饭菜捡起来吃；穿衣服、鞋子时可能会穿反或穿倒；可能会将花朵塞进冰箱，期待在冰箱里开出美丽的冰花……孩子的这些行为，用成年人的思维去理解，当然是可笑、离谱甚至是错误的。但这些对孩子来说，无疑是非常有趣和好玩的，而且，这些又是多么大胆的尝试呀！孩子从中获得的成就和欣喜，又何异于科学家实验成功的惊喜。孩子就是这样通过一步步地摸索、实践、思考而逐渐成长起来的。如果父母因为害怕孩子犯错误，而对他们进行各式各样的限制，尽管孩子不会有犯错误的机会，但同时也失去了进步和成为天才的机会。

另外，喜欢问问题也是一个天才孩子所具有的特征，父母千万不要因为孩子提出的问题过于幼稚和可笑而嘲笑并阻止他的提问。每个孩子都有好奇心，这种好奇心恰恰是学习的最初动力。有了好奇心，孩子大脑做出的第一个反应往往是"为什么"，这个问号会促使他们使用语言向父母询问，并希望自己心中的疑问能在父母的帮助下找到答案。孩子就是在这一问一答中逐步增长智力，也是在这一问一答中逐渐开发他的天才潜能的。因此，如果父母限制孩子提问的权利，就等于限制了他的智力增长，最终会让一个天才的种子渐渐变成平庸之辈。因此，孩子的成长之路，是从取下孩子头上的"紧箍咒"开始的。

在玩中提高孩子的学习兴趣

拥有多项小发明专利的小亮，很小的时候，经常是不管拿到什么东西，都会想办法拆开来看一看，因为他觉得这样非常好玩。小亮的这种行为，在一般的父母看来纯属破坏行为，弄不好还会给他贴上一个"败家子"的标签。好在小亮有一个比较开明的父亲，他对小亮的这种行为不但没有责怪，反而给他一个自己的空间。在这个空间里，小亮可以尽情地玩，可以无所不拆。小亮对拆装的兴趣越来越浓，玩起来也特别用心。他每拆下一个零件都按顺序摆好，等琢磨明白后，再将它们一一组装上。就这样，在拆了装、装了拆的过程中，小亮渐渐成了一个小发明家。

这个案例中的小亮，其实是很多孩子的缩影，只是大多数孩子都会被父母强制停止这种探索的行为，因为孩子们的这种探索行为，确实带有一定的破坏性，尽管孩子并非有意，但客观上毕竟给家庭带来了一定的损失。

记得曾经在网上看过一个段子：

一个孩子把家里的桌子拆了之后，不知道如何恢复原样，正发愁时，父亲发话了："你若安好，便是晴天；你若安不好，自己看着办！"

从这个段子中，我们可以看出作为父亲的无奈，但孩子的行为也并非是故意搞破坏，不然就不是拆，而是砸了。所以，作为父母，我们首先关注的不应该是造成了多少损失，而应该是孩子这些行为背后的目的是什么。如果孩子是出于探索的目的，那么我们应该感到高兴，而不是生气，因为没有什么比孩子的求知欲更重要了，至于那些损失，就当是为了培养孩子而缴的学费好了。

很多父母会为自己不了解孩子的兴趣而发愁。但实际上，孩子无时无刻不在展现自己的兴趣，只是我们察觉不到而已。因为僵化的思维，会让我们将孩子的兴趣视为一种破坏的行为，却忽略了孩子的兴趣是可以引导的。当然，要引导孩子的兴趣，需要父母参与到孩子的探索行为中，而不仅仅是以简单的是非对错对孩子的行为进行评价，更不是给孩子讲道理。

那么，父母在陪孩子玩的时候，应该给自己一个什么样的定位呢？首先要明确自己的目的，自己是在培养孩子，而不仅仅是陪孩子。因此，在玩的过程中，父母应该是导演，孩子则是主角。父母不应让孩子牵着鼻子走，毕竟，作为孩子，他们的兴趣是不确定的，孩子的兴趣常常会突然转变，原来很感兴趣，会突然不感兴趣，原来不感兴趣，也会突然感兴趣，这都是非常正常的。父母要积极引导孩子的兴趣，而不是任由孩子自由发展。可见，父母与其"陪孩子玩"，不如"和孩子一起玩"，虽然两者都是玩，但却有着极大的差别。

1. 给孩子空间

可以带着孩子走入大自然，相信大自然中的很多事物都会成为孩子的玩具，而且这些还都是天然、环保、免费的玩具呢！孩子可能比父母更懂得利用这些大自然中的玩具，聪明的父母应放手让孩子尽情发挥想象力和创造力，让孩子在大自然中自由地舒展个性。这个时候，父母没有必要紧紧地看着孩子，只要在大的方面把住安全关就可以了。

2. 赞赏孩子

当孩子在河边或者沙滩上，找到一块特别的小石头并向父母炫耀时，父母一定不要忘了，投给孩子一个赞赏的目光，送上一句由衷的赞美；当孩子在沙滩上造出一座城堡、一条隧道、一座大楼时，父母应及时夸奖孩子的杰作，这样孩子才会更有兴致地创作出更加神奇的作品。

3. 主动与孩子合作

父母在陪伴孩子玩游戏的过程中，合作的方式有很多，比如，可以和孩子一起去找一大堆树枝、石子，将它们按材质、大小等不同标准分类，一起和孩子搭建一些建筑。如，用大一点的石头造假山、用小一点的石头铺路，用树枝造房子、用树叶当瓦片。

总之，父母如果能够和孩子一起沉浸在游戏的氛围中，一起欢笑、一起探索、一起动脑、一起享受和交流其中的乐趣，孩子必定会在愉快的玩耍中不断增长智慧。

在游戏中培养孩子的创造力

"等待着下课，等待放学，等待游戏的童年……"每每听到罗大佑所创作的这首《童年》，相信每个人的思绪都会不由自主地回到自己的童年。尽管每个年代的人成长环境不一样，每个家庭的条件也不一样，但每个孩子，却都拥有同样的财富——游戏。是的，可以这么说，没有游戏，也就没有孩子的童年。孩子正是在游戏的过程中逐渐长大，逐渐学会应对社会的基本技能。然而，却有许多家长忽略了孩子在游戏中得到的快乐。

教育家陶行知曾说过："处处是创造之地，天天是创造之时，人人是创造之人。"对于一个孩子来说，游戏是他的学习之本、创造之源。当然，对于孩子来说，他的创造有太多的偶然性，有时甚至是一种模仿，但我们仍然有理由相信，即便孩子最初的创造只是一种模仿，而且是一些无法进入大雅之堂的玩意儿，兴趣仍会促使孩子进行不断的探索。其实，即便只是一些偶然的发现，也是孩子不断探索的结果。

让我们先来看这样一个例子：

有一个男孩，想用一个长吸管吹出一个泡泡来，但无论怎样吹也无法成功，这个男孩环视了一下四周，忽然计上心来，决定将长吸管变成短吸管再吹。他拿来剪刀把长吸管剪短，没想到轻而易举就吹出了一个泡泡来，男孩欣慰地笑了起来，心想，如果将吸管再剪短一些，是否会吹出一个更大的泡泡呢？于是，男孩用剪刀再次将吸管剪短，接下来，他竟吹出比自己脑袋还要大的泡泡。看着吸管尖端的那个大泡泡，男孩高兴得几乎连话都说不出来了。边上的小伙伴看见他吹出的大泡泡都非常好奇："你是怎么吹出这么大的泡泡的？"男孩不假思索地对小伙伴说："我把吸管剪短了。"于是，有个孩子便拿来自己的吸管与男孩的吸管比长短，结果，男孩的吸管比他的吸管还要长出一大截，但他的吸管却吹不出这么大的泡泡，这又使得男孩陷入沉思……过了一会儿，男孩突然高兴地叫起来："啊，我明白了，我的吸管前面是斜的，你们过来瞧瞧！"大家看着自己手中的吸管，才发现原来他们的吸管顶端都是平的。后来，他们把自己吸管的顶端都剪成了斜的，结果每个人都吹出了很大的泡泡。

在上面的这个故事中，虽然孩子们无法解释为什么吸管剪成斜口后，就可以吹出很大的泡泡，那个男孩的发现也可能是一种偶然，但对于孩子们来说，他们对一些事物的认识已经有了一个质的飞跃，并且能够运用这种新认识，创造出更加有趣的游戏，这就是我们所说的创造力。

作为父母，应时刻注意发现孩子在游戏当中所萌发出的创造力，保护孩子最原始的创造意识和创新精神，让他们的创造性得以持续和发展。正如儿童教育家陈鹤琴所说："儿童本性中潜藏着强烈的创造欲望，只要我们在教育中注意引导，并放手让儿童实践、探索，就会培养出创造能力，让儿童最终成为出类拔萃的符合时代要求的人才。"这段话是很值得父母在教育孩子时借鉴的，否则，孩子与生俱来的可贵的创新精神，往往会被父母扼杀在摇篮中，这样只能让孩子在模仿、顺从中长大，失去很多培养创造力的机会、条件和信心，最终成为平庸、缺乏独立见解的人。

讲到这里，父母一定会问，哪些游戏可以快速地激发孩子的创造欲望和创造力呢？很多父母也许会认为，要想让孩子在游戏中培养创造力，就必须有一定的条件，最好的条件是为他们准备很多昂贵的玩具和娱乐设施。其实，并不需要这么复杂，有时只要和孩子玩一些简单的游戏就足矣。世界上有很多出身贫苦的天才，正是通过不断的探索，"偶然"发现了一些现象，再经他们进一步创造，改变了整个人类生活，同时也改变了他们的人生。

对孩子来说，最有益的游戏莫过于那些能让他们任意想象，能让他们学习新技能，能激励他们深入地思考，能让他们从失败中学习的游戏。当然，父母和孩子一起玩，也能锻炼自己的创造力。如果父母不知道该和孩子玩些什么，或者不知道怎么和孩子一起玩，那就从下面一些简单的方法开始吧。相信这些简单的游戏，一定能够帮助父母让孩子在每天的游戏过程中充满创造力。

1. 神奇之旅

父母可以先教孩子用纸折一架飞机，然后想象着和孩子一起乘这架飞机来一次神奇之旅。可以问问孩子，他想到什么地方去，无论是欧洲、非洲还是美洲，父母都应该鼓励孩子展开想象。如，和孩子一起"到"了某个"地方"，问孩子发现了一些什么现象，有什么纪念品可以带回家，等等。这样，父母就可以带着孩子了解各个地方的风情与特点，而且，孩子的地理知识也会在这样欢乐的游戏中，不知不觉地增加很多。

2. 捉迷藏

这是一个再简单不过的游戏了，但同时也是一个非常能引发孩子创造欲望的游戏。孩子在玩捉迷藏游戏时，经常无须大人指点就可以找到很好的藏身之地，而且还能学会在日常生活中观察事物，这种观察的习惯往往能让孩子获得意外的惊喜。

3. 猜谜语

猜谜语看似较难，但只要父母引导得当，孩子还是会很快产生兴趣。刚开始时，父母可以找一些比较简单的谜语，并采取步步提示的方式引导孩子进行思考，自己查找答案，直到他最后说出正确的答案为止。当然，也可以反过来，让孩子编谜面由父母猜。

4. 拼图片

如果你的孩子喜欢画画或动手操作，那将是一个非常好的游戏。父母可以从杂志上或其他地方找一些图片，然后将图片撕成两块或者若干块，再让孩子把这些小块的图片拼成一个完整的图片。也可让孩子把其中一张小图片粘到一张纸上，然后引导孩子用彩色蜡笔或荧光笔，把图片缺少的地方涂出来。虽然孩子创造出来的图画没有原先的好看，甚至可能会显得有些不伦不类，但这毕竟是孩子自己的"杰作"，他肯定会觉得非常有意思，而且会更加乐意创造出更好的作品。

玩出孩子的创意

在全国中小学生金钥匙科技竞赛上，曾发生过耐人寻味的一幕。比赛当天，来自全国各地的 100 多名中小学生选手齐聚在一起，一决高下。然而，比赛没有进行多长时间，差异就明显地表现出来了：在科技能力方面，出现了大不如小的局面，也就是高中生的表现比不上初中生，初中生的表现又比小学生逊色。这种奇怪的反差主要表现在动手题、科幻题和信息技术题等方面。比如科幻题，小学生的想象可谓天马行空、极富创意，高中生和初中生却出人意料地无话可说。在信息题和动手题方面，小学生的表现也比中学生出色很多。

很多父母越来越注重对孩子创意能力的培养，这当然是一件非常好的事情，因为一个创意的产生，往往会让孩子创造出惊人的奇迹。

怎样培养孩子的创意能力呢？父母除了买一些富有想象力的玩具给孩子，还应利用日常生活中的点点滴滴培养孩子的创意，给孩子一个自由的想象空间。

1. 讲故事

每个孩子都喜欢听故事，他们可以在故事中天马行空地幻想各种角色，不加限制地进行模仿。父母应选择一些内容、图画都较丰富的故事书。给孩子讲故事时，加上声音、动作等，借此引发孩子的想象力。

2. 玩水、泥沙、小石块

有条件的话，父母可经常带孩子到河边或小溪边玩，还可以和孩子一起玩水、泥沙、小石块等。水对孩子来说是很好的游戏道具，当孩子利用不同的工具去装水、玩水时，可以增加他对不同物品的认识。如，用一个瓶子装水，可以装满满的一瓶，但如果用"竹篮打水"，却只能是"一场空"。沙子和小石块对开发孩子的想象力，更是很有益处，父母带孩子到沙滩上用泥沙和小石块堆砌各种不同形状的建筑物，便是让孩子自由创作的好方法。

3. 玩积木

积木可以给孩子带来很大的想象空间，如，可以让孩子用积木随意搭建各种各样的建筑物，用积木砌桥、盖楼、筑隧道，设计自己喜爱的城市及各种场所，以促进孩子认真思考的精神，同时达到锻炼动手能力的目的，真可谓一举两得。

4. 玩面粉

将面粉和少量食盐倒入容器内，再加一些水和少许食用色素搓成面团，让孩子做泥塑，揉捏出自己喜爱的动物形状。父母也可在一旁做指导，或让孩子模仿，以激发孩子更多的想象力和创造力。

在教孩子玩出创意时，父母应积极地参与到孩子的游戏中，但又要给他留出足够的空间，让他自由地进行创作。让孩子自己去玩，即使孩子的玩法与你的想法不同，只要他玩得认真、投入，就不要打搅他。不要在孩子玩得高兴的时候打断他，或强迫他终止，可事先和孩子打招呼，让他有心理准备。即便是事出有因，迫不得已，也要向孩子解释清楚。当然，如果孩子的创意基本用尽，父母可在一旁给他提示，以鼓励他再进行尝试。另外，在孩子玩的过程中，父母千万不要吝啬自己的赞美，对孩子善用赞美胜于物质上的鼓励，父母的认可和赞美，可以提高孩子创作的自信心。当然，即使孩子在玩游戏时出现了失败，父母也不要打击、批评他，更不可过于严厉。如果对孩子的要求过高，常常会造成孩子在思想上的自我束缚，失去创作的空间和热情。游戏时，不要刻意和着重选择具有教育意义的游戏，有时目的性过于明确，或功利心太强，反而会降低孩子发挥想象力的热情。

在玩耍中培养孩子的社交能力

当前独生子女的家庭仍然普遍存在，那么，这些独生子女的社会交往能力怎么样呢？他们在和他人交往时，又会表现出怎样的性格呢？调查发现，大部分独生子女在与他人交往时，最突出的特征就是"独"，他们中的多数人都以自我为中心，或表现出胆小、懦弱、缺乏自信的性格。这种表现基本是由他们的成长环境所致。一些父母在培养孩子的过程中，往往只注重孩子的智力因素，从而把他的活动制约在一个很小的范围之内。孩子从小一个人玩，根本不知道应该如何与其他小伙伴沟通与交流，长大后自然而然地就会把自己放在一个孤立的位置上，使自己处于一种"众叛亲离"的尴尬境地。

在很多父母看来，让自己的孩子单独玩，就不会有任何的担心——不用担心孩子被其他的小伙伴欺负；不用担心自己的孩子拿好的玩具去换别人不好的玩具；不用担心孩子会出现什么危险。而且，让孩子掌握与别人交往的技巧，还要花上一定的时间，不如干脆让他多学点东西。殊不知，孩子在这种温室的环境中，渐渐就会长成一株脆弱的小草，并且失去面对暴风雨的勇气。

所以，要想培养孩子的社交能力，就应从现在开始，从他喜欢玩的游戏开始。对于很多孩子来说，2岁前一般不会有太多的社交行为，也很少会主动和别的孩子一起玩，但他会在旁边静静地观察其他小伙伴玩耍。因此，如果父母想锻炼孩子的社交能力，就应为他提供机会。比如，和孩子一起观察其他孩子玩的游戏，在他观看时，最好向他解释游戏的方法或规则，当孩子掌握了这种游戏的技能时，就要鼓励他参与其中。有些父母看到别的孩子玩得很开心，自己的孩子却不想加入其中，便认为自己的孩子胆小或缺乏交往技能；有些父母为了保护孩子，干脆采取强硬措施，不让他参与其中。这样会增加孩子的心理压力，使其不愿意与别人交往。父母平时不注意提高孩子与同伴的交往能力，即使让他参与游戏，他也不知该怎样和其他孩子配合，自然就会尴尬难堪，从而挫伤自尊心。

父母平时应让孩子多多地参与游戏，尤其是集体游戏。当孩子与同伴一起玩耍时，他的思想情感便会向社会化发展，为了能与同伴一起玩，他要控制自己的行为，抑制自己的欲望，自觉遵守游戏规则，让自己的行动服从于整个游戏的要求，这就能够有效地培养孩子团结友爱、互相合作、互相配合的精神。一旦在游戏中发生矛盾，孩子也会主动地和其他小伙伴协商，妥善地解决在游戏中存在的矛盾与问题，这就很好地培养了孩子热爱集体和团队协作的精神。

会玩的孩子更容易成功

国外的心理专家曾做过这样一个实验：实验者让孩子们各自坐在一个小椅子上，游戏时不能站起来。在他们的前面不远处放一个盒子，里面放了一支彩色的粉笔。实验者给孩子们3根不同长度的棍子，然后再给他们每人一些夹子，目的是让孩子们用这些夹子将3根棍子连起来，最终将粉笔移出盒外。只要孩子们能让粉笔离开盒子，就算问题得到了解决。在做这个实验之前，实验者把孩子们分成了3组：第一组是观察组，即老师先做示范，然后再由孩子们来做；第二组是控制组，孩子们的一切活动都在老师的控制之下进行；第三组是游戏组，这一组只由老师告诉孩子们可以借助棍子和夹子将粉笔移出来，但没有任何的演示和讲解，让孩子们随便玩这些棍子和夹子。游戏的结果是控制组完成得最差；观察组和游戏组解决问题的能力一样，但观察组的孩子们一上来就按照老师演示的样子把棍子连起来，只要没有成功就不再尝试，直接放弃，经受不起任何的失败和挫折；游戏组的孩子们却表现得非常有耐心，他们耐心地尝试了许多办法，一种不行再试另一种，很少有人主动放弃，结果每个孩子都用自己的办法获得了成功。

从上述的实验中我们可以看出，控制组的孩子解决问题的能力最差，一个原因是他们没有看过老师的演示，另一个原因是他们根本就没有一点自由，一切行动必须由老师来控制，而他们的本性又希望自由，这就和老师的要求形成了一种矛盾，这种矛盾无法得到解决，一直困扰着他们的思想活动，最终自然无法很好地完成任务；观察组的孩子虽然完成得较好，但由于事先看到了老师的演示，因此过分低估了问题的难度，真正要他们自己解决问题时，遇到挫折便失去了应有的耐心，不敢再做进一步的尝试，而是选择了放弃；游戏组的孩子虽然没看过老师的演示，也没有得到老师的指导，但由于他们是抱着玩的心态去解决问题，轻装上阵，没有任何的心理压力，解决问题时虽然出现了一些困难，但他们可以寻找各种各样的方法，不断地进行尝试，最终很好地解决了问题，圆满地完成了任务。

反观我们身边的很多父母，教育孩子时往往无意中把自己的孩子放到了如上述实验中的观察组，甚至是控制组的情境中。可想而知，孩子解决问题的能力最终会是什么样子。

通常情况下，孩子在游戏当中肯定会遇到各种各样的问题。要解决这些问题，他们就必须通过不断地学习和尝试，来认识这些问题进而提高自己解决问题的能力。这样无疑会对他们的智力发展起到很好的促进作用。如果孩子在玩游戏时父母替他们扫清了一切障碍，或者在他们碰到问题时都替他们解决，那么孩子自然便会凡事依靠大人，永远也学不会自己去解决问题。上面的游戏是教育孩子的一个经典的研究案例，专家们认为通过这个游戏，不仅能够培养孩子的探索精神，还能够提高孩子面对失败和挫折的忍耐力。也就是说，游戏不仅可以帮助孩子提高解决问题的能力，还可以培养孩子过硬的心理素质。

在玩耍中开发孩子的智慧

很多健康的游戏，对于开发孩子的智力都有着非常重要的作用。科学研究也证明，童年时期的玩耍和游戏，会让孩子的大脑快速形成神经连接，编织大脑神奇的网络，最终让大脑潜能得到最大限度的开发。

1. 培养孩子选择的智慧

日常生活中，父母可通过各种游戏或亲子互动，培养孩子的选择能力，进而让他学会对事情做出正确的判断。在培养孩子的选择能力上，父母应注意3个要点：一是多出选择题；二是多搞活动，让孩子做自己喜欢的事；三是回答孩子问题时不要答得太满，要给他留有思考的余地。如，孩子问："天上有没有飞碟？"父母不要不假思索地回答说"有"或"没有"，可以婉转地告诉孩子："这是一个很有趣的问题，但又属于自然科学现象，等你以后自己慢慢探索，相信会弄清这个问题。"另外，父母还应学会给孩子权利，让他自己去选择。

2. 培养孩子的创意能力

父母可以用故事、积木、图片、颜色、音乐等刺激手段，促进孩子创意能力的开发。只要孩子在充满创意的环境中成长，他的一生将具有无穷的创意能力。

3. 培养孩子学习的能力

天才的一生，其实都是在学习当中度过的，因为对于他们来说，学习已经成为一种习惯、一种人生态度。父母应该怎样培养孩子的学习能力呢？

①培养孩子的学习兴趣。卢梭曾说过："要启发儿童的学习兴趣，当这种学习兴趣成熟的时候，再教给他学习的方法。"是的，如果没有兴趣，再好的方法也是没用的。可以这样说，培养孩子对学习的兴趣，是孩子智力教育的根本。

②让学习变得有吸引力。要让学习变得有吸引力，父母必须表现出自己对学习的兴趣，同时，认真地听孩子讲述他在学校的所见所闻，让孩子觉得学习是愉快的。还要鼓励、支持孩子在学校参加各种课外活动。

③帮助孩子养成良好的学习习惯。要培养孩子良好的学习习惯，并非一味地强迫就可以达到。父母可以给孩子规定出一个学习的时间段，即在这个时间段里，让孩子只做功课，不做其他事，等孩子把功课做完后，要让他玩个痛快，同时还要引导他听听音乐、学学绘画、练练书法等，鼓励他做自己感兴趣的事。

④让孩子看到自己的进步。对孩子来说，最大的乐趣莫过于在学习中取得成绩，成绩会让他对学习产生更大的兴趣和信心。因此，父母一定要注意经常让孩子看到自己的进步。如，每天检查一下孩子的作业，把孩子的学习情况和学习成绩做一个简单的记录，并把孩子的作业本都收藏好，过一段时间后将它们拿出来，让孩子自己比较一下。还可以和孩子一起探讨，这段时间他哪些方面有进步，哪些地方还做得不够。这样，孩子对自己的成长轨迹就会看得很清楚，对学习自然就会产生更大的信心和兴趣。

⑤为孩子树立适合的目标。目标是孩子奋斗的方向，如果制定的目标过高，则会让孩子望尘莫及，从而失去信心；如果制定的目标过低，则往往

不能激发孩子的学习兴趣和追求新知识、见识新事物的愿望。因此，父母可以在孩子学习兴致较高时，为他制定一个合理的阶段性目标，并鼓励他去实现。

⑥创造良好的学习环境。孩子能否成才，环境十分重要。家庭作为孩子生活的基地，能否为孩子创造一个良好的学习环境，对孩子的学习有直接的影响。良好的家庭学习氛围不是拥有安静、舒适的住所和明亮的书房就能产生，更需要靠父母的自身行为来营造。如，父母对学习的态度和行为，就是建立良好学习氛围的关键所在。如果父母热爱学习，把学习作为自己最大的爱好，把谈论学习作为重要的话题，就会给孩子创造出良好的学习环境。

4. 培养孩子运用知识的能力

英国哲学家培根曾说："知识就是力量。"但一个人如果只有知识，却不知道如何运用，其实还是无法产生力量的。也就是说"知识就是力量"，是源于对知识的合理运用。因此，父母应教会孩子将学到的各种知识合理地运用到生活当中去，让孩子学会活学活用。

5. 培养孩子把握人际关系的智慧

孩子的成长，与人际关系密不可分。父母可通过让孩子与外界接触并给予指导，培养其处理人际与公共关系的智慧。培养方法主要有以下几点。

①父母以身作则。父母要善于处理与家人、朋友、邻居的关系，为孩子创造一种文明、和谐的人际交往氛围，不要给孩子负面的影响。

②培养孩子的爱心。父母时常对孩子表现出关怀、支持和鼓励，对孩子形成善良、温和的性格具有直接的作用，同时，帮助孩子学会关爱和体贴他人，对孩子自信和自尊的形成有积极的影响。

③鼓励孩子与同伴交往。同伴交往可以为孩子提供分享知识经验，互相模仿、学习的重要机会。在实际交往中，孩子可以了解他人的观点，并以此为依据调整自己的行为，学会站在别人的立场，转换角度思考问题，逐渐克服以自我为中心的习惯。

④合理要求孩子。父母应根据孩子的年龄特点，对孩子做出合理的要求，如，3~4 岁的孩子常常会以自我为中心，缺乏换位思考的能力，无意识中会认为自己所想就是他人所想。如果你让一个 3~4 岁的孩子为妈妈选择生日礼物，他理所当然地会选择一些他喜欢的玩具，而不会为妈妈选择一束鲜花或一瓶香水。而对于 6~7 岁的孩子而言，他已经渐渐明白不同场合对他的行为会有不同的要求，并知道如何分享自己的快乐、帮助别人、与别人合作等。

⑤鼓励支持孩子。如果一个孩子生活在鼓励之中，那他就会变得自信；如果一个孩子生活在讽刺之中，那他就会变得懦弱。因此，父母一定要为孩子营造一个宽松、激励的成长环境，多给孩子一些表扬和鼓励，少一些批评和讽刺。在激励环境中成长起来的孩子，会获得一种愉悦和自信，拥有的积极状态将帮助他获得良好的人际关系。

总之，要开发孩子的智慧，父母应做到给孩子时间，让他自己去安排；给孩子空间，让他自己去磨炼；给孩子条件，让他自己去探索；给孩子问题，让他自己找答案；给孩子困难，让他自己去挑战；给孩子机遇，让他自己去把握；给孩子冲突，让他自己去解决；给孩子对手，让他自己去竞争；给孩子权利，让他自己去选择；给孩子梦想，让他自己去实现。

第七章
真的爱孩子，就给孩子一个富裕的未来

理财教育也和其他的教育一样，需要及早进行，而不是等到孩子长大了之后再去灌输这种观念，因为那时候就有点晚了。其实，对于孩子的理财教育，并没有我们想象中的那么难，甚至可以说十分简单，只要父母稍微用点心就可以。因为所有的理财观念，皆源于生活中的点点滴滴，而且贯穿孩子的一生，所以也是一种最自然、最普通，也是最容易让孩子接受的财富观念。父母可以根据自己的家庭情况，在教会孩子理财的同时，帮助孩子建立起正确的金钱观与人生观，继而引导孩子去创造财富、享用财富。

培养孩子的财商要趁早

很多父母在面对是否要对孩子进行理财教育这个问题时，往往不愿接受，认为孩子还这么小，对其进行理财教育有点太早了！有的甚至认为过早地跟孩子谈钱，会让孩子从小就沾上"铜臭"味，所以对于这个话题根本不屑一顾。

其实，随着生活条件的日益提升，对于孩子的理财教育已经显得越来越重要，甚至是刻不容缓了。

我们先来看一个案例：

12岁的男孩明明，是北京一所小学的五年级学生；另一个男孩佳佳，也是12岁，在北京的另一所学校上学。在六一儿童节那天，家长多少要给孩子一些钱。明明的爸爸给他的微信转了200元，爷爷又给他转了100元，一共是300元；佳佳的妈妈也给佳佳转了200元。

当天早上，明明出门时，先在早点摊上花了10元钱吃早餐，然后和小伙伴们一起去逛街，很快就看上了一件小礼品，于是就花了50元钱把那件小礼品买下来，作为送给自己的小礼物，然后又打车到快餐店去与同学聚餐，打车费花了20元，餐费花了50元。下午，又给自己买了两本漫画书，花了20元，然后又花了20元打车到家门口的超市，去买了一些零食，又花去30元。这一天下来，明明正好消费了200元。至于剩下的那100元，明明并没有想太多，只想着明天继续花就行了。

　　而佳佳呢，一早起来，先在家里吃过早餐，然后坐公交车到学校去参加集体活动。下午时，学校安排了野营活动，佳佳也参加了，但所吃的食物都是从家里带的。途中经过商店，大家一块儿下车购物，佳佳经过仔细挑选后，选择了自己很喜欢的一件小礼物，花了30元。下午回家时，路过一家玩具店，佳佳又花了50元买一件很耐用的玩具（之所以选择耐用的玩具，是为了将来自己不需要时还能卖掉）。当天的活动结束后，佳佳便把剩下的120元转到自己的银行账户里。佳佳从4岁开始拥有自己的银行账户，同时妈妈还帮他开设了一个基金账户，并鼓励他把零花钱存下来，帮他购买一些好的理财产品。如今，佳佳的账户上已经有5万多元了。对此，佳佳颇为自信地说，等他长大后，这些钱将成为他上大学所需要的费用，甚至是将来创业时的启动资金。

　　从上面的这个案例中，我们不难看出，明明和佳佳的差异，主要源于家长是否对孩子进行了理财教育。

　　今天，全世界的教育专家对于孩子的财商教育已经越来越重视，其目的就是通过财商教育，让孩子能够尽早拥有理财的观念，为今后创造财富打好基础。而学者们经过研究后发现，培养孩子理财的能力要趁早，一般来说，12岁以前是培养孩子理财能力的黄金时期，所以父母要及早做好准备。

　　约翰·富勒小时候，家中有7个兄弟姐妹，他从5岁开始工作，9岁时会赶骡子。约翰·富勒的家里虽然很穷，但却有一位很了不起的母亲，她经常和富勒谈到自己的梦想，并说："我们不应该这么穷，不要说贫穷是命中注定。虽然我们很穷，但绝不能怨天尤人，那是因为你爸爸从未有过改变贫穷的欲望，所以家中的每一个人都胸无大志，安于现状。"母亲的这些话，一直深埋在富勒的心中，也使他一心想跻身于富人之列。于是，富勒开始努力追求财富。

12 年后，富勒接手了一家被拍卖的公司，并且还陆续收购了 7 家公司。而富勒在谈到自己成功的秘诀时，还是用多年前母亲的话来回答："我们很穷，但绝不能怨天尤人，那是因为爸爸从未有过改变贫穷的欲望，所以家中每一个人都胸无大志，安于现状。"而每次受邀演讲时，富勒更是充满自豪地强调："虽然我不能成为富人的后代，但我可以成为富人的祖先。"

有教育专家认为，孩子在 12 岁以前就应该基本上掌握有关消费的知识。所以，父母要在孩子 12 岁之前，就有意识地培养孩子的理财观念。比如，孩子在 6 岁左右，就要让他知道每一分钱都不是白来的，要付出劳动，才能得到金钱的回报；孩子到 8 岁左右，就要让孩子知道把钱存到银行里，而不是挣一分花一分，甚至挣一分花两分；9 岁时，就要让孩子学会制订一些简单的开销计划，购物时知道货比三家，而不是盲目地消费，甚至是冲动消费；10 岁时，就要让孩子懂得节约每一分钱，为将来的大笔开销做好准备；11 岁时，就要让孩子知道所有的产品广告都有夸大其词的成分，不要轻易相信广告，更不要被广告牵着鼻子走；12 岁时，可以指导孩子进行一些简单的投资，明白一点让钱生钱的道理和方法，并逐步树立起正确的金钱观。

让孩子树立起正确的金钱观

在很多人的印象中，如果一个孩子过早地接触金钱，那么这个孩子基本上是没有什么出息的。尤其是现实生活中所发生的一些反面的案例，更是让很多为人父母者觉得，钱会毁掉孩子的前途。的确，有很多孩子确实为了钱，要么耽误了学业，由聪明转变成了平庸；要么抵制不住金钱的诱惑，最终走向犯罪的道路，将自己的人生与前途白白地断送掉。但是，如果我们仅仅看到钱对孩子心灵腐蚀的一面，那就未免把问题看得过于表面化了。

其实，孩子为了钱而犯错，那不是钱的问题，更不是孩子的问题，而是我们的教育出了问题。因为我们从来没有告诉过孩子钱是什么，它的作用又是什么；即使告诉了，也往往会把问题极端化，要么告诉孩子钱不是什么好东西，要么告诉孩子钱无所不能。这样一来，孩子对于钱的认知自然就会出现偏差，而一旦观念出了问题，行动自然也就出了问题。所以，要想让孩子不至于为了钱而变坏，家长首先要做到的一点，就是让孩子拥有正确的金钱观。

那么，什么是正确的金钱观呢？是富贵的保障，还是罪恶的根源？而在对待金钱上，又应该采取什么样的做法呢？是挥金如土，还是只挣不花？

要想让孩子拥有正确的金钱观，首先要让孩子认识钱币。否则，孩子连钱币都不认识，又哪来的金钱观呢？一般而言，从孩子3岁左右开始，父母就要有意识地教会孩子认识钱币。父母可以通过游戏的方式，让孩子对钱币有一个直观的认识，并教给孩子如何区分钱币的面值。比如一元等于几角、一角等于几分，等等。等到孩子稍大一些后，就可以带着他一起出去购物，并和他讨论所购物品的价格。

谈到带孩子出去购物，几乎所有的家长都会遇到一个同样的问题，那就是孩子只要看上了自己喜欢的东西，不管这个东西需要多少钱，也不管父母身上带了多少钱，就嚷着要买。这个时候，如果父母满足了他的要求，那么下一次他同样如此，久而久之，就会让孩子养成消费无度的习惯。而对于孩子购物的要求，如果父母当时不能满足，那么他就会生气，甚至赖在那里不走，如果你强行把他拉走，他就会哭闹，弄得你一点办法都没有。因此，为避免类似情况发生，父母在带孩子一起出门之前，最好先和孩子讲好"条件"，比如只买一件他最需要的东西，或者这次出去只买家庭生活用品，其他都不买。这样，孩子在跟着父母购物的过程中，就会仔细考虑他最想要的东西，而不是见到喜欢的就嚷着要父母买。此外，在购物的过程中，对于孩子的过分要求，即使你买得起，也应该坚决地对孩子说"不"。慢慢地，孩子就会明白，不是他们想要什么就能得到什么。这样，孩子才能养成勤俭节约的习惯，并学会有计划地消费。

当孩子长到七八岁时，基本上也就懂得了行为与结果之间的关系，并开始自己做一些决定。这个时候，父母可以开始给孩子一些零用钱。当然，需要注意的是，给孩子零用钱的目的，并不是让孩子去向别人炫耀自己的家庭多么有钱，或者让他在其他伙伴面前有面子，而是要让孩子学会如何管理和使用这些钱。当孩子手里拿着数目有限的金钱时，他才能学会取舍，并逐渐认识到钱从哪里来，又能够做什么。

正确的金钱观，不但可以帮助孩子养成节省的习惯，还可以帮助孩子树立起远大的目标和温暖的爱心。

有这样一对夫妇，丈夫是一位老师，妻子是一位上班族，家庭收入在当地属于中等。每到月初发薪水的时候，他们便拿出100元给8岁的女儿，作为女儿的零用钱。同时，夫妇俩每个月还把一定比例的钱拿出来，买一些理财产品，并鼓励女儿也这样做。女儿手中的钱虽然很有限，买不到什么理财产品，但她先把一部分钱用来买自己喜欢看的书和必需的学习用品，然后把剩下的钱存到银行里，并对父母说："等我长大了，我要用我现在存的这些钱买一幢房子、一辆车，还可以用它去帮助有困难的人。"

从这个案例中，我们不难看出，孩子虽然还很小，但只要拥有正确的金钱观，他的身上就会产生一种积极向上的正能量。父母给予孩子正确的教育，对他的影响将是一生的，而当他日后回顾起这段经历时，也会对自己的父母产生深深的感激之情。

总之，在对孩子进行理财教育的过程中，最重要、也是最有效的一项，就是让孩子进行实践，通过各种形式的活动，让孩子树立起正确的金钱观，明白金钱的来之不易，以及金钱的真正价值。

手把手教孩子学理财

孔子曰："其身正，不令而行；其身不正，虽令不从。"说的就是"言传"与"身教"的关系，而且强调"身教"重于"言传"。在对孩子进行理财教育时，也同样如此。但是，在现实生活中，很多父母在教育孩子时，往往重"言传"而轻"身教"。当然，这些现象之所以屡见不鲜，也不难理解，毕竟"言传"只是嘴上功夫，只要动一动嘴皮就可以，而"身教"却要长期以身作则，甚至还会受到孩子的监督。所以，很多父母在教育孩子时，便只好在"言传"上下功夫了。只是这样的教育方法，往往无法达到预期的效果，甚至还会起反作用。

所以，要想让自己的教育在孩子的身上产生效果，家长首先要做到以身作则，这可以说是一切教育最首要的原则。对孩子进行理财教育，更需要这样。因此，父母要想帮助孩子树立正确的金钱观，自己首先要端正态度；要想让孩子学会节俭，自己在平时的吃穿用度上，就要杜绝奢侈之风；要想让孩子把钱存起来，那么自己每个月领薪水后，就要把应该存起来的那部分存到银行里。因为孩子是通过观察父母的言行来学习的，如果父母嘴上告诉孩子钱并不是一切，却在平常的生活中以金钱去衡量一切，那么孩子肯定会大惑不解；或者告诉孩子人要通过自己的努力，让自己过上幸福的生活，但自己面对一贫如洗的家，却整天不思进取，那么孩子同样不明白父母到底要他做什么。

在身教这方面，"童话大王"郑渊洁可以说是做到了极致，而且经过自身的实践，总结出了独特的看法。

很多家长有了孩子后，总是把所有的希望都寄托在孩子身上。而我有了孩子后，则把所有的希望寄托在自己身上。1983 年，我的孩子出生时，我还只是一个只有小学四年级学历的草根，既没有名气，也没有任何的成就。但是，当我看到自己的孩子出生后，我就把所有的希望都寄托在自己身上。我认为，合格家长的标志是：把为家族创造荣耀的重担让自己来挑，给孩子构建一个轻松惬意的人生；不合格家长的标志是：把为家族创造荣耀的重担让孩子来挑，自己则不思进取。我当然想要做合格的家长，所以，从孩子出生的那天起，我就开始玩命地写作，希望通过自己的奋斗来改变人生，并影响孩子。在孩子两岁的时候，我创办了一本杂志——《童话大王》，这本月刊的内容全部都是我自己来写，这是古今中外从没有过的先例。我当着孩子的面，一个人把这本月刊写了 25 年，直到今天还在发行。而我之所以这样做，是想给孩子做出榜样，让他看到自己的父亲是如何通过自己的努力，将一个一贫如洗的家变得富有的。

所以，有了孩子之后，你一定要让孩子目睹父母白手起家、创造辉煌的全过程，这才是真正的教育。到头来，你会发现这是一箭双雕：你成功了，孩子也成功了。

当然了，所谓的身教，其实还包括很多。只要你用心，就会发现生活中的点点滴滴，都可以成为身教的例子。比如，家里的某个电器坏了，有心的父母一定不会把这个电器扔掉，然后买一个新的，而是尝试着去维修，如果修好了，就继续用；实在修不好，再考虑买新的。在这个过程中，如果让孩子看在眼里，那么孩子心里会想："爸爸妈妈真是勤俭节约，从来不乱花钱，我也要像爸爸妈妈一样才行。"又比如，看过的废报纸或者旧杂志，不要看完就随手扔掉，而是攒起来，等攒到一定的数量之后，就对孩子说："给社区服务站的叔叔打个电话，把这些废品卖了吧，还能够换一些钱来呢，就当是给你的零花钱了！"这样，孩子就会知道什么叫废物利用，甚至可以变废为宝。渐渐地，孩子就会发现，生活中赚钱的机会其实无处不在。

懂得投资的孩子更富有

19世纪中叶的时候，有一位年轻的德国人来到了美国，当时美国本地正兴起了一股"淘金热"，人们蜂拥而至，于是那位年轻的德国人也加入到淘金的队伍中去。在淘金的过程中，他经常听到人们抱怨自己身上所穿的细布衣服一点也不耐磨，还没穿几天就破了。于是年轻人灵机一动，便开了一家制衣厂，以做帐篷的厚帆布为材料，再用金属钉子来钉裤袋，使裤袋便于装工具。

出乎他意料的是，这种裤子刚刚推出来，便深受"淘金者"欢迎，大家互相转告，纷纷前来抢购，使得那位年轻人大赚了一笔。后来，他又扩大了生产规模，将产品推向了更广阔的市场，直至风靡整个世界，年营业额达到了10亿美元。

这位年轻人就是"牛仔裤"的发明人——李维·斯特劳斯。

当很多人都争先恐后地去淘金时，李维·斯特劳斯却看准了淘金者衣服不耐穿的商机，并抓住了机会，从而创造出了巨大的财富。

而在今天这个信息化的社会中，不管是我们成年人，还是孩子，都有着同等的创造财富的机会。所不同的，仅仅是人的头脑。

刚上小学四年级的美玲，从小就喜欢布偶玩具。与其他孩子不同，小美玲对于买回来的布偶，都会装饰一番，比如弄个蝴蝶结、梳个朝天辫、缝上个小布兜，等等。上学后，小美玲仍然喜欢弄这些东西，父母于是便和她"约法三章"：第一，限制她买布偶的数量；第二，只有周末才能侍弄这些东西；第三，要保持房间整齐、清洁。这些美玲都尽力做到了。

有一次，美玲参加歌舞比赛时，得知一位选手穿的小裙子是从网上淘来的，于是她心生灵感，想开个网店，专门卖那些经过自己"加工"的布偶。开始时，她先把自己装饰的布偶拍成照片，放到博客与论坛上，接着便有很多网友留言，问她是从哪里买的，有的还要与她交换布偶。

持续一段时间后，美玲发现，自己装饰的布偶，还有自己亲自编织的十字绣都很受大家青睐，于是便正式开了一家网店，将自己积攒的布偶都上了架。美玲把这件事告诉了父母，没想到父母也很支持她，觉得这对美玲是一种很好的磨炼。于是，美玲又开辟了一个专门换物的格子间，深受网友的欢迎，小店的人气也随之剧增。

小小的布偶玩具，带来了无限的商机，让美玲不仅学会了赚钱，而且还学到了很多东西。所以，可以这样说，生活就是财富的天堂，也是怎样赢得财富的课堂。而生活中的机会，更是随处可见，只要我们稍微用一点心，就不愁找不到。

当然了，当机会来临的时候，我们能不能引导孩子抓住眼前的机会，也要看孩子的能力。可以说，孩子的能力越强，或者掌握的技能越多，他的机会就越多。所以，平常多注意培养孩子，让孩子拥有更多的技能，是没有坏处的。或许很多父母又会有这样的疑问，培养孩子的技能，是不是也要根据孩子的兴趣和爱好呢？从理论上讲，当然是这样的。但是我们也应该知道，孩子的兴趣和爱好也是需要培养的。因此，更多的时候，我们应该少问孩子喜欢做什么，而是多问问孩子应该做什么。因为很多东西，别说是孩子，就是大人也未必喜欢，但为了达到某个目的，我们又不得不去做。

是的，机会来了一定要抓住，才能有效地创造财富。但在机会来临之前，我们需要做的，就是培养孩子把握机会的能力。而且，只要孩子具备了这种能力，即使机会并没有如期到来，孩子同样也可以通过自己的努力，去创造更多的机会，赢得更多的财富。

如何让孩子管好自己的零花钱

让孩子自己管理零花钱，很多父母是不放心的，"孩子挥霍无度该怎么办啊？""我家孩子如果自己管理零花钱，他就会去游戏机厅打游戏！""让孩子自己管理钱，我们不是不信任孩子，但孩子往往没有克制力啊！"父母们的这些担心不无道理，尤其是很多所谓的"富二代"横空出世，网络炫富、花钱无度、用金钱收买同学打群架等不良现象也接二连三地出现，这些与其说是金钱惹的祸，不如说是孩子不知道怎样管理金钱。

那么父母应该如何教孩子管钱呢？首要的原则，就是确立管钱的模式，让父母管钱，让孩子来记账。

由于大多数孩子还不能较好地管理金钱、支配金钱，所以父母必须用一根绳子拴住孩子，即把管钱的权利抓在自己的手里，这样做的好处是，父母既能够掌握好教育的主动权，还能够很好地训练孩子的理财能力。当然，对于这种理财的教育模式，父母一定要跟孩子说清楚，这是一种合作的理财模式，并不是不相信孩子。

那么，什么时候让孩子开始记账比较合适呢？根据发展心理学，孩子大约在 5 岁左右，就开始具有消费的意识。这时，父母就完全可以引导孩子记账，最初的记账可以不往本子上记录，可以让孩子在脑子里记住。下面，我们先来看一段亲子对话。

周末，吴先生给宝宝买了一个玩具，花费了 50 元。这时，他用商量的口气对宝宝说："宝宝，我们来合作一下，我掏钱，你记账，好不好？这个玩具我们总共花了 50 元，你要记住哦！"然后，吴先生便拿来宝宝画画的本子，让宝宝用画气球的方式进行"记账"。吴先生又说："爸爸妈妈赚钱很辛苦，所以每月买玩具要有限制，每当买玩具花费 10 元时，你就在本子上画一个气球，每个月买玩具不能超过 5 个气球。"宝宝听后，便十分认真地在本子上画了 5 个气球。

其实，这种教育方法的最大意义，还在于能够寓教于乐。虽然小小的"记账"本在表面看起来无足轻重，却可以帮助孩子养成良好的记账习惯，而这种习惯一旦养成，力量是无比巨大的。当然了，既然是要培养孩子的习惯，那么从刚开始时就要坚持实行，千万不要三天打鱼，两天晒网，而是要将这种习惯变成自然为止。

不过，用画画的方式引导孩子记账，这种方法只适合儿童期的孩子，对于年龄相对大一些的孩子，父母可尝试采用"零花钱估算""让孩子当家庭财务官"等方法。下面先说说我经手的一个案例。

吴君的父母都是生意人，平时工作很忙，根本顾不上他，所以吴君平常要花钱买东西的时候，父母也是尽量满足他。但没过多久，父母便发现吴君花钱越来越厉害，却没见他往家里添置什么东西，问他到底是干什么花的，他也说不清楚。总之，在稀里糊涂中就把钱给花没了。吴君的妈妈没有办法，只好找到了我，我便告诉她一个方法，就是让她回去后，告诉吴君，每次花钱时都要做记录。吴君的妈妈回家后，便按照我说的方法来要求孩子，效果果然很明显。

然而，好景不长，吴君升入初中后，他的老师就经常打电话叫父母到学校谈话，内容都是吴君借钱不还，还集结校外同学打群架，严重影响学校的秩序，校长甚至想要开除他。吴君的父母听后焦急不已，回去后便询问吴君，他却死不承认。

吴君的妈妈这下又没招了，于是又来找我。我听了她所介绍的情况后，便问她："你平常让孩子记账，有没有检查过，看看他那些钱是怎么花的？"吴君的妈妈这才回过神来，原来她虽然一直要求孩子记账，但自己却从来没有问过，更不用说是检查了。

其实，让孩子记账，不仅仅是教孩子学会如何使用零花钱，更为重要的是让孩子学会如何做预算和节约费用。至于给孩子零花钱的数量，则要看父母实际的经济情况，一般情况下，只要控制在与孩子的同伴大致相当的水平上就可以。等到孩子渐渐长大后，这些零花钱就应该由孩子全权负责，父母不直接干预，但一定要督促孩子将每一笔花费记录清楚。而且，一旦孩子因为使用不当而导致过度消费时，父母不要轻易帮助他渡过难关。因为只有这样，孩子才能真正懂得过度消费所带来的严重后果，从而学会对自己的消费行为负责。

总之，父母教孩子记账，不是赶时髦，也不是逼迫孩子，而是父母与孩子形成良好的互动模式。父母管钱，孩子记账，也是亲子互动形式之一。不管是在孩子还不会写字时，父母启发孩子用画画的形式来记账，还是孩子上学以后父母引导孩子记录零花钱的使用情况，其主要的目的都是培养孩子的理财意识，让孩子亲身感受金钱的来之不易，从而更加懂得珍惜父母的劳动成果。

别让名牌害了孩子

几年前，台湾曾报道了一则"少女为名牌援交"的新闻，一时间引发了社会各界的关注与热议。4名平均年龄不到14岁的中小学少女为了购买名牌产品，通过网络进行援交。

其实，类似的事件已不鲜见。近几年来，未成年人因追求名牌而走上犯罪道路的现象不断出现。更有甚者，还有一个男孩为了购买某品牌的平板电脑要卖肾。那么，究竟是什么原因让孩子对名牌如此热衷呢？外界诱惑、盲目攀比、爱慕虚荣，这些都有，但最直接的原因，实际上还是家庭理财教育的缺失。孩子追求时尚、热爱名牌本身并没有错，但如果过度地沉迷于名牌之中，那就是一种病态，往小了看是典型的拜金主义，往大了看就是价值观的扭曲了。

一项调查显示：几乎100%的中学生都喜欢名牌产品，60%的中学生正在使用名牌产品，而幼儿园的孩子也都有名牌概念。对此，我们不禁要问，为什么有那么多的孩子拥有如此深的"名牌情结"呢？

美国社会心理学家亚伯拉罕·马斯洛有个"需求层次理论"，该理论将人的需求从低到高分为5类，分别是生理上的需求、安全上的需求、社交需求、尊重的需求、自我实现的需求。仔细分析，人们追求名牌显然是出于尊重的需求，即用名牌来体现自己的价值与地位。如果仅仅是从这一点来看的话，孩子的这些需求只是人类的正常需求之一，那么父母就没有必要打击孩子追求名牌的心理，因为大人很多时候也青睐名牌，更何况是孩子呢？

父母要先端正孩子对名牌的认识，名牌产品大都质量比较好，是消费中的精品，厂家存在很多先期投入与付出，对产品质量要求也是精益求精。比如，名牌运动鞋穿起来不仅透气、舒适，而且很耐穿，不容易坏；名牌电脑售后服务有保障，其配件质量也高，等等。但是，名牌产品也比较昂贵，且因名牌效应价格存在虚高的部分。如果从普通家庭的经济条件这个角度来考虑，很多名牌产品就只能是想想而已了。这个时候，父母就要让孩子明白，各行各业都有名牌产品，但不是所有的名牌产品都是最贵的，最贵的也不一定是最好的，最贵的也不等于是最适合自己的。

在孩子小的时候，父母就应向孩子灌输这些意识，而且平常给孩子买衣服、文具等生活和学习用品时，也要注意自己的消费尺度，为孩子树立起良好的榜样。下面的几点，是需要父母时刻注意的。

①父母要强化孩子的消费意识，不能什么都要买名牌，购买名牌时要有选择性，比如，孩子的文具、电脑等，可以适当地选用一些名牌产品，其他的消费类产品则没必要追求名牌。

②父母要帮助孩子树立积极向上的人生观。平时不管是在学校和同学相处，还是在社会上与朋友交往，都不能通过穿着、使用的产品来衡量别人的地位。通俗地说，就是不能"势利眼"。实际上，名牌产品只是外在的装饰，而人与人交往，则要注重其内在的品质和精神财富。

③父母要培养孩子的审美观。受娱乐圈明星、大腕奢华装扮的影响，以及青春偶像剧中演员华丽衣着的吸引，很多孩子觉得穿名牌、用名牌很有品位和气质，能够为自己装点门面，甚至有种"我是有钱人"的骄傲心理。对此，父母应让孩子明白，心灵的美好与充实才是真正的魅力。同时，父母还应该有意识地对孩子进行一些美学方面的培养。比如，让孩子养成讲究卫生的习惯，以实现仪容美；引导孩子多看一些经典名著，以达到言辞美；督促孩子经常进行体育锻炼，或让孩子学习舞蹈等，以实现形体美；向孩子讲述一些社交礼仪知识，包括坐姿、服装搭配、简单化妆等。这些教育不是刻意

的，而是潜移默化的熏陶与引导，这样不仅能够有效地引导孩子不盲目追求名牌，还能提高孩子的审美观。

此外，对于经济条件一般的家庭，父母最好让孩子了解家庭的收支状况。有些父母省吃俭用，勒紧裤腰带也要满足孩子购买名牌的需求，这显然是"打肿脸充胖子"，而且孩子也不一定会领情。

所以，在平常的生活中，父母可以有意识地让孩子了解家庭的收支状况，比如每月总收入多少，结余多少，医疗保险、养老保险、教育资金，以及可能要应付意外的开支，等等，都可告诉孩子，让孩子来衡量自己家庭的经济能力。这样，孩子在追求名牌的时候就会有所权衡，不再盲目攀比。当然，父母也不要动辄向孩子"哭穷"，因为这样容易让孩子变得自卑，在经济条件允许的情况下，可以帮助孩子挑选一些质优价廉的名牌产品。

父母还要及时帮助孩子杜绝虚荣心。说到底，虚荣心是一种不健康的心理，很多时候，越是不自信的孩子，虚荣心就越是强烈。这种孩子往往会用物质来展示自己的实力，以遮掩自己内心的自卑，所以这种虚荣心是一定要杜绝的。父母在帮助孩子杜绝虚荣心的时候，首先要让孩子明白虚荣心的危害。

刚上初二的闵鑫酷爱名牌，他喜欢打篮球，所穿的运动衣、运动鞋都必须是名牌，平时用的电子产品，平板电脑、手机、耳机等也都要名牌。在他还上小学的时候，父母有时给他买普通的衣服，他还能接受，但自从上了初中之后，他就"非名牌不要"，有时为了买一个名牌耳机，他甚至半个月都不吃早饭，然后把省下来的钱用来买耳机。为此，父母很是头疼，但怎么劝都不管用。

后来，闵鑫的妈妈咨询心理咨询师，咨询师了解情况后得知，原来在闵鑫还很小的时候，父母给他买的很多东西都是名牌产品，这才让孩子对名牌产生了信赖感，并养成了现在非名牌不用的习惯。于是，咨询师便建议闵鑫的父母，可以先让孩子从了解自己的家庭经济状况开始，对他进行理财教育。

闵鑫的妈妈回去后，便找了一个机会与闵鑫进行交谈，并说："爸爸妈妈不反对给你买名牌的东西，但你要考虑到爸爸妈妈的赚钱能力，也要看买什么东西。我看这样吧，这个月你来当管家，家里的收入与支出由你来掌管。"于是，妈妈便开始让闵鑫来管钱，并开始记账。但是，闵鑫在买东西时还是控制不住自己，第一个月就把妈妈的奖金拿去买了一个很贵的耳机。这时，闵鑫的妈妈也不生气，只是对儿子说："耳机不是必需品，而且更新很快，如果你手中的耳机能用，就没有必要换新的。你说对吗？""还有，你在学校附近的商店里买的耳机一定比市场价格高，因为这些商家摸准了你们这些孩子的心理，所以抬高了价格。"

第二天，闵鑫的妈妈便到超市去给儿子买回了一个不同品牌但品质同样优秀的耳机，而价格却便宜了大约一半。这一下，闵鑫终于心服口服，并对母亲说："看来花钱也是一门学问啊，我以前只知道名牌的东西才上档次，现在才知道什么叫物超所值！"

这个案例又给了我们父母一个启示，那就是面对孩子对名牌的追求，父母千万不要轻易缴械投降，但也没有必要过度抵制孩子的消费欲望，或者用粗暴的态度来教育孩子，因为这样会让孩子觉得父母根本不把自己当回事，当孩子产生这样的心理时，往往就可能产生这样的后果——偷盗、抢劫、出卖身体，等等。所以，父母在教育孩子的时候，也要充分尊重孩子的心理需求，要知道孩子追求高质量的生活属于健康心态，只要引导孩子制订合理的消费计划，不让孩子过度消费就可以了。

比金钱更重要的是诚信

《中庸》一书中有这样的名言："诚者，天之道也；诚之者，人之道也。""诚者，不勉而中，不思而得，从容中道……"由此我们不难看出，我们的老祖宗对于诚信的重视程度。而且，不管社会如何发展，也不管处在什么样的年代，诚信永远都不会过时。可以这样说，一个诚信的人，无论走到哪里都会受到热情的接待；而不诚信的人，则往往举步维艰，更别说畅行天下了。可见诚信是人际交往中至关重要的桥梁和纽带。而事实也早已告诉我们，大家都喜欢诚信的人，并且愿意和他们交往。所以，作为父母，一定要让孩子从小就明白诚信的重要性，并将孩子培养成讲诚信的人，而不是一个只知道往钱眼里钻、见利忘义的人。

从前，有一只小狗和一只小兔子是非常要好的朋友，它们常常一起在森林里玩耍。

一天，小狗对兔子说："兔子兄弟，冬天快到了，我们应该到树林里去砍些木头回来，准备过冬了。"小兔子高兴地答应了。

第二天，小狗和小兔子一起拎着斧头去树林里砍木头。不知不觉，小狗和小兔子已经工作了一上午，它们拿出了自带的干粮开始吃午餐。吃完之后，小兔子说："狗兄弟，我们刚吃完午餐，去找点水喝吧。"

"那好吧，我们一起去找水喝。对了，把斧头带上吧，可别丢了。"小狗嘱咐道。

于是，它们拎着斧头就去找水喝。不一会儿，它们就找到了一条小河，正当它们准备喝水的时候，小狗的斧头掉进了水里。小狗急了，不禁大哭起来。这时候，忽然从水里浮出了一位小仙女。

小仙女问道："小狗，你为什么伤心呀？"

小狗说："仙女姐姐，我的斧头掉进河里了，你能不能帮我捞出来？"

仙女说："当然可以。"仙女在水底拿了两把斧头，然后浮出水面说："这把金斧头和这把银斧头哪个是你的？"

小狗回答说："都不是！"仙女又拿来铁斧头问："是不是这把？"小狗说："是的，就是这把！"仙女对小狗说："小狗，你非常诚信，我就把这两把斧头送给你吧！"小狗小心翼翼地拿了过来说："谢谢你，仙女姐姐！"说完，小狗就和小兔子高高兴兴地回家了。

狐狸听说了这件事情，马上拿起妈妈新买的斧头来到那座桥上，故意把斧头扔进水里，然后假装哭了起来。

这时候，小仙女又从水里出来了，问："你为什么哭呀？"狐狸说："我的金斧头掉进水里了。"仙女生气地说："你一点都不诚实，你那斧头是金的吗？"说完，仙女就沉入河底了。狐狸只好哭着走回家。

诚信的对立面是欺骗。骗子有时看上去好像很聪明，其实是最愚蠢的。这种人往往要吃大亏，原因就在于他太不诚信。

诚信，说得通俗些，就是诚实，守信用，因此诚信的人总是能够得到大家的信任。

是的，人生呼唤诚信，社会呼唤诚信，时代呼唤诚信，教育更呼唤诚信。而对孩子诚信的培养，也和习惯的培养一样，是一个不断养成的过程，需要不断地积累。实际上，诚信不仅属于道德的范畴，同时也是一种法律原则，是每一个公民都必须具备的基本素养。所以，我们对于孩子的诚信教育，必须从小抓起，从小事着手。这样，才能在培养孩子诚信的同时，共同塑造一个诚信的社会！

第八章
真的爱孩子，就要让孩子学会独立

　　一个人，只有当他真正成为一个独立的人时，他的未来才有无限可能。否则，原生家庭就是他的天花板，让他一辈子都无法独立。所以，在培养孩子的过程中，父母一定要记住一件非常重要的事，那就是让孩子爱自己，让他觉得自己有价值，让他知道自己要为自己而努力，而不是为了别人，因为他是一个独立的个体。

孩子，这事你自己来做吧

"妈妈，让我自己去盛饭吧！"妮妮看着快要吃完的饭对妈妈说。

"我给你盛吧，你自己盛的话，又要把饭给弄撒了！"妈妈说。

"可是我已经6岁了，我已经长大了啊！"妮妮不高兴地说。

"你忘了上次你自己盛饭的时候，撒了很多饭吗？"妈妈说着，立刻把碗抢过来走进厨房。身后的妮妮不高兴地撇了撇嘴。

"妈妈，我帮你擦地吧！"吃完饭后，妮妮又对妈妈说。

"你就别添乱了，你还记得你上次擦的时候，弄了一地的水，害得我差点摔跤。"妈妈又及时地制止了。

于是，最后的画面就变成了这个样子：妈妈一个人忙着做家务，妮妮则拿着妈妈的手机在沙发上看小视频。

相信像妮妮家这样的情况，在很多家庭里并不少见，有时候孩子很想自己动手去做一些事情，可是父母们总是因为孩子第一次没有做好，就不再给孩子学习的机会，重新为孩子代办。而孩子在得不到父母的信任之后，上进心和好奇心也会受到打击和压制，最后干脆什么也不做，只知道玩手机。等到父母发现自己的孩子又懒又不体贴父母，而且又没有责任心的时候，又开始抱怨孩子的不懂事，但实际上，这不正是家长自己"培养"的结果吗？

当我们看到1岁多的孩子在地上跟跟跄跄地学走路的时候，我们怕他摔倒，于是会心疼地把孩子抱起来；当2岁的孩子试图用小手抓饭吃的时候，我们会考虑卫生问题而制止这种行为；当孩子大了，该自己睡觉的时候，我们可能还会担心这个担心那个，犹豫不决；当孩子生病的时候，我们会越俎代庖替孩子给老师打电话，而不是让孩子自己请假；当我们在超市遇到熟人的时候，不是等孩子主动打招呼，而是很快地提醒孩子要向阿姨或者叔叔问好；孩子要郊游，要野炊，要购买各种生活用品，我们也会包办……其实，教育家陈鹤琴早就说过：凡是儿童自己能做的，要让他自己做。这个道理其实很简单，却不是每个父母都明白，或者明白却不知道从哪里做起。如果你也是这样，那就不妨从下面的这些细节做起吧！

①让孩子学会生活，在生活中把握自己，锻炼自己的生活能力，这样孩子才不会成为生活能力低下的孩子。生活能力是最基本的能力，因此，父母最好尽量少管孩子的"闲事"，并鼓励孩子做力所能及的事情，这样才能锻炼孩子的生活自理能力。比如，晚上让孩子独立睡觉，独自上厕所，自己到物业那里领取缴费通知单。这些看起来虽然是小事，但是对培养孩子独立、勇敢的品质却很有益处。

②让孩子接触同伴，锻炼自己的合群性、合作性。孩子的性格在游戏和日常生活中表现得最为明显，这也是纠正孩子不良性格的有效方法。爱模仿是孩子的一大特点。父母要让性格软弱的孩子经常和胆大勇敢的小伙伴在一起，这样孩子就会不知不觉地将伙伴的言行举止作为自己模仿的对象，孩子就会慢慢地得到锻炼，变得勇敢、坚强起来；而那些自私自利的孩子，他们的自私行为必然会受到伙伴的抵制，会在与伙伴的交往中得到纠正。所以，让孩子到伙伴中去，在和伙伴的交往中改善自己的脾性，是教育和锻炼孩子的一个非常有效的方法。

③让孩子在生活中接受考验。一些父母因为缺乏对儿童心理发展的了解，往往会因为不理解孩子的需求，担心孩子受到伤害，而不敢让孩子接受一些体能或者心智方面的锻炼，从而错过了让孩子认识世界、感知世界、开发智力、发展自我的最佳时机。因此，父母要让孩子在生活中接受考验，让

孩子有犯错误的机会，让孩子在失败中吸取教训，这对孩子的成长是十分有利的。不要害怕孩子会受到打击，因为孩子只有经历过挫折、经历过失败，他才能在日后变得更加坚强。

让孩子多一些成功的体验

成功对于每个人来说都极具诱惑力，尤其是对于孩子来说，体验一次小小的成功，也许就会成为他一生中最难忘的记忆。在以后的日子里，即便处于艰难的困境，一想到自己曾经成功过，他就会浑身充满力量。相反，如果一个孩子总是面对失败，他就会越来越害怕失败，即使他曾经拥有坚强的信念，也会被摧垮。所以，父母和孩子做游戏时，不妨不露声色地让他"赢"一把；背唐诗时，不妨偶尔比他"少"记住几句；家庭聚会时，不妨让他为大家表演他最拿手的节目……给孩子创造成功的机会，让孩子完成一些力所能及的任务，能让他越来越有信心，对于开发孩子的潜能，具有举足轻重的作用。

王伟为了培养儿子对围棋的兴趣，特意给儿子买了一张《手谈》光盘。儿子收到这份礼物后，抑制不住与电脑下围棋的兴奋，还没等王伟仔细研究光盘的操作方法，他就开始对弈了。

然而，半个小时后儿子就败下阵来，不愿服输的他，马上开始第二盘的对弈，但结果还是输。此后几天，他依然没有改变落败的结果。这时，王伟感觉到儿子与电脑下棋的兴趣陡然下降。于是，王伟便开始研究起这个光盘，很快就发现这盒光盘根据挑战者水平的不同，可以做出不同的设置，光盘默认的是最高级、不让子。以王伟儿子当时的水平，失败是必然的结果。

经过数次打击之后的他，提起与电脑下棋，已经开始出现畏惧的情绪。王伟于是把可以设置难度级别和让子的这个发现告诉了儿子，并劝说他再跟电脑下一盘。这次再战，从最低级、让九子开始，不到十分钟，电脑就认输了，儿子难抑兴奋之情，他似乎一下子找到了赢棋的感觉，非常渴望继续挑战。在此后两个小时的时间里，儿子从最初的让九子，到一子不让，全部胜利。第二天，升至初级，也是从让九子开始，也是差不多两个小时的时间里，又是一路凯歌。第三天，上升为中级，也没能拦住他。第四天，上升为高级，让八子时，儿子落败。第五天，还是输。然而，王伟却看得出来，儿子并没有沮丧，或许此前经过许多次胜利积攒起来的那份信心正在帮助他。第六天，儿子终于胜了。但在让七子时，又输了。此后，有输也有赢，但让王伟欣喜的是，从此以后，儿子对围棋一直保持着高昂的兴趣。

　　王伟教儿子学下围棋的这段经历，让我再一次感受到，孩子的成长多么需要成功的体验。每一个为人父母者，都希望自己的孩子拥有自信，面对困难能百折不挠。但是，孩子的自信从何而来？如何才能提高孩子的抗挫折能力？所有的这些问题，都是值得我们思考的。孩子在儿童时期，由于认知的局限，对事物发展缺乏理性的判断能力，所以做事情常常凭一时的兴趣，他们的积极性很容易受到挫伤。在我看来，他们的自信更多来自于对生活的实践，来自于对成功的体验。只有经过一次又一次成功的体验，才能强化他们的自我认知。同样，只有经过很多次战胜困难的实际体验，他们才能远离脆弱，逐步提高抗击挫折的能力。

　　所以，父母在教育孩子的过程中，要注意充分发挥孩子的主动性，让他在自己独立做好一件事后，充分享受成功的喜悦，从而提高孩子学习的积极性，树立自信心，走向新的成功。那么，怎样让孩子体验做好一件事后成功的喜悦呢？

　　①在家中创造一种宽松的氛围，给孩子更多的自由，他想做什么，只要

没有危险，就放手让他去做。这样就会给孩子提供充分的操作机会。

②培养孩子的独立性。平时要尊重孩子的自尊心，维护他们的独立意识。如果父母事无巨细地包办一切，只会让孩子对事物缺乏或降低兴趣，从而放弃进取，体会不到自己独立做好一件事的喜悦。

③当孩子做错一件事时，不要随意批评，或过多地指责他们做得不对，而是要以鼓励为主，保护孩子的积极性。

④对孩子的要求和期望值不要太高。当发现孩子在某些方面不如他人或达不到预期要求时，就要考虑根据孩子的情况和特点进行改变，提出一些适合自己孩子、经过努力能够实现的目标。要一步一步来，不要急。要知道，培养孩子是一个艰苦细致的漫长过程，只有通过实行正确的、切实可行的教育，尊重孩子，帮助孩子，鼓励孩子，并及时给予指导，让孩子自己去探索、去完成，去体验成功的喜悦，才能引导他们健康愉快地度过人生的启蒙阶段。

总之，一个远大的目标，需要分很多个阶段逐步实施，同理，一个伟大的成功，也需要无数个小成功来完成。因此，当我们的孩子还不能很快学会一项本领的时候，当他们还不能一下子完成一个任务的时候，当他们还不能取得明显进步的时候，我们不妨静下心来，做一些细分，多一点耐心，多一点等待，多制造一些成功的体验，让这些成功的体验串联起来，成为他们成长的动力，帮助他们愉快地进步，快乐地长大。

给孩子足够的信心

信心是进取的支柱，是孩子走向独立的基础。信心对孩子健康成长和各种能力的发展，有着十分重要的意义，尤其是幼儿期的信心，对一个人的一生具有举足轻重的作用。

中国的家庭教育有着很深的家长式教育传统，父母对孩子的基本教育方针是保护、灌输和训导。这种教育虽然保护了孩子让其身体不受损伤，但却容易让孩子性格变得软弱和胆怯。

其实，孩子的成长是需要一个空间的，因为他要在这个空间里检验自己的能力，学会如何应付危险和突发事件。所以，作为父母，千万不要为孩子做任何他自己可以做的事，否则就等于剥夺了孩子发展自己能力的机会，也剥夺了他们的自信心。有些年轻父母带孩子到公园玩，孩子在前面飞快地奔跑着，父母在后面着急地喊："慢一点，小心摔跤！"孩子在秋千上荡来荡去，父母着急地喊："慢一点，我来帮你。"虽然孩子这样很安全，但他却一点也不开心，因为父母对孩子的过分保护，让他失去了对自己的信心。

那么，父母应该怎样培养孩子的信心呢？

1. 让孩子体验到成功的喜悦

要培养孩子的信心，首先要让孩子体验到成功的喜悦。因此，父母应该根据孩子的发展特点和个体差异，对孩子提出适合其水平的任务和要求，确立一个适当的目标，让其经过努力就能完成。为了让孩子能够达到这个目标，其难度应当是让孩子"踮着脚够得着"，切忌将目标定得过低，以至于不用跳起来，就能够轻易完成，那样就无法让孩子真正体验到成功的喜悦。相反，也不能将目标定得太高，这样会导致孩子接连失败，容易让孩子失去信心。而一旦失去信心，孩子就不愿再去努力。越是不努力，就越是做不好、越是不自信，这样也就形成了恶性循环。

2. 帮助孩子发现自己的闪光点

父母要帮助孩子将审视自己的视线从学习方面扩展开，这对于学习成绩暂时落后的孩子来说尤为重要。培养孩子的一技之长，给孩子一个自我骄傲的理由，这对孩子自信心的树立大有好处。如果你的孩子没有特别的天赋，就教他如何爱人，如何与人合作，这也是孩子应具备的宝贵品质。

　　一个人只要有成功的决心和信心，就能保持最佳的状态，就能把全部精力集中到所要追求的目标上。只有坚信自己能成功的人，才会取得成功。相反，如果没有努力的方向，觉得自己什么也不行，就会精神压抑。在这种情况下，大脑就会变得麻木起来。所以，在孩子努力拼搏，尽力向成功的顶峰攀登时，父母要多给孩子一些鼓励，告诉他们不要幻想把自己变得完美无缺，只要肯尝试和努力，就能体会到无穷的乐趣。

3. 告诉孩子"你很棒"

　　我们经常可以看到这样一种情况：有的孩子平时很努力，别的科目学习成绩都不错，但某一科的学习成绩却始终难以提高。这是为什么呢？有的人可能会说这孩子脑子不够聪明，但如果真是脑子不聪明的话，其他的科目他为什么能够学好呢？那么，是这门功课太难了吗？

　　心理学家对此进行了研究，结果发现，并不是因为脑子笨或某一门功课特别难，而是因为有的孩子自认为学不好这门功课。试想一下，在这种不良心理暗示的作用下，孩子对学习会采取主动的方式吗？当然不会，所以每次上这门课时，他除了等待下课铃声的响起之外，根本没什么事可干，他连学都没学，成绩又怎能好得了？

　　所以，心理学家的研究结果已经明确地告诉我们，很多时候这些所谓学不好的功课其实只是孩子自己吓唬自己而已。在心理学里把这种情况称为"消极心理暗示"。

　　那怎么办呢？办法当然有，而且很多，但重要的是必须让孩子采取积极的心态，变被动为主动，只要能做到这一点，这种消极的心理暗示便会不攻自破。最好的办法就是，每天早上起床时，让孩子面对镜子中的自己，大声唤着自己的名字说："你一定能行！你是最棒的！"也可以经常在心里坚定地对自己说："没有人比我更聪明，我并不比别人笨。他们能学好这门课，我也行！"然后找出自己那些致命的弱点，对症下药，你很快就会发现，横在孩子面前的那只"纸老虎"原来竟是那样不堪一击。

这种反复强调的道理虽然看似简单，却是妙用无穷，可以在孩子的心中产生一种直接的暗示，并使之逐渐渗透于内心，引起心灵的共鸣，从而让孩子获得一往无前的勇气和必胜的信心。事实也一定会证明：你的孩子真的很棒！

总之，父母应该刻意创造培养孩子信心的环境，让孩子在潜移默化中变得自信起来。平时遇到事时，常对孩子说一些鼓励的话，比如"爸爸妈妈觉得你一定能行""你肯定能做好"，等等。一般情况下，孩子的自我评价会依赖成人的评价，所以如果父母以肯定与坚信的态度对待孩子，就会让他在心里认为，别人能做到的，自己也能做到。此外，父母是孩子效仿的榜样，所以在孩子面前，父母更应表现出自信、乐观的性格，这样孩子也会越来越自信。

有一种爱叫放手

几乎所有的父母都希望自己能够为孩子铺平前进的道路，但我们也要明白，没有哪一个父母能够陪孩子一辈子，而孩子人生的路，最终还得靠他自己去走。所以，作为父母，我们不如及早让孩子做自己命运的主人。这样他们才能为自己的人生负责。实际上，坐享其成是一个人最糟糕的事，因为这样的人，根本没有机会去历练成长。要知道，每个人的幸福，都是靠自己去争取的，所以请父母把自主的权利还给孩子吧，因为那本来就是属于他们自己的。

每次登黄山，林峰都会流连忘返。那云海，那劲松，那奇石，那飞瀑，

那山花，那流泉，无一不让人魂牵梦萦。

而这次登黄山，使林峰感慨万千的却是一对雄赳赳的父子。先是儿子摔倒了，父亲伸手要扶他，满头大汗的儿子却摆摆手，拒绝了，但他毕竟摔得有点重，所以父亲又想伸出手去扶他。不过，他犹豫了一下之后，还是毅然把那只手收了回来。

看了眼前的这一幕，林峰怦然心动，因为他看到了一道用父亲的理智与儿子的坚毅共同绘制的最美的风景！此时，林峰突然对那深深的父爱肃然起敬。同时，他也觉得，那个奶声奶气的孩子，已经是一个真正的男子汉了。

从这个案例中，我们不难体会到，孩子在大自然的怀抱中，他的成长是很快的。而父母通过带孩子出去旅行，也能够培养孩子的独立性格。所以，在陪伴孩子旅行的过程中，父母可以顺其自然地放手，一起与孩子去享受征服大自然的乐趣。

培养孩子独立的性格，需要父母自信地放手，让孩子可以为自己做主。而培养孩子的独立性格，首先要培养孩子心理上的独立。实际上，孩子心理上的独立，是自信心的一种表现。一个不自信的人，是很难拥有真正的独立性格的。

对于孩子来说，父母是最可靠的安全屏障。在他们眼里，父母最有力量，可以保护自己免受一切打击和伤害。幼童需要在这样的心理安全网的保护下，逐步建立起自信的性格和培养自卫的能力，最终脱离父母的安全网，成为一个有心理防护能力、有独立性的人。因此对一个幼童来说，出现十分依恋父母、离开父母就心神不定的情况是正常的。但是随着年龄的增长，这种现象应当越来越少，孩子会表现出越来越多的独立性，内心有足够的安全感支持他去探索周围的世界，而不是时时被各种恐惧所包围。但是，为什么很多孩子到了青春期，仍然对父母表现出特别强烈的依赖性呢？

心理学家在分析这类情况时指出：一个人担心会失去自己所爱的人是十

分正常的，但如果这种担心是如此强烈，以至于当你与所爱的人不在一起时便会常常为这种担心所困扰，这种担心甚至达到了干扰你正常生活的强度与频繁度，这种情况就不正常了。引发这种心理的一个主要原因就是你将个人的生活价值和意义附着在了你所惦念与热爱的人身上。他的存在与否决定你对生活的态度。而孩子对于父母多少也会有这种心态。他们所做的许多事情都是为了让父母知道并重视他们，从而满足自己对父母的一种心理愿望。有的孩子努力地去表现自己，就是为了让父母看到自己某些方面的成功，而有的孩子拼命捣乱，也是因为他怀疑父母对他的爱不够深厚。所以，当父母对孩子的爱成为他们学习、生活的一种压力，并让他们时刻担忧时，父母就应积极地去引导他们，要让他们把眼光放长远一点，不要在精神上过多地依赖父母，更不能把自己的人生价值和生活意义依附在父母身上。

总之，当孩子怀着独立的心态去面对生活，并对生活和事物拥有自己独立的看法时，他才会不断地成长，并成为生活中的强者。

挫折是上天赐予孩子的财富

一个人在人生的过程中，不可能一帆风顺，也不可能永远倒霉、永远失败。每个人都有顺利、光彩的时候，也会有遇到挫折与失败的时候。

在这个世上，从来就没有随随便便获得成功的人，尤其是那些获得巨大成功的人士，他们往往都曾遭遇过重大的挫折。这一点，可以说古今中外都是一样的。早在 2000 多年前，司马迁就曾有过这样的总结："文王拘而演《周易》；仲尼厄而作《春秋》；屈原放逐，乃赋《离骚》；左丘失明，厥有《国语》……"可见，很多杰出的人物，往往都是因为遭遇挫折而取得了伟大的成就。

西汉时期，汉宣帝刚一继位，便颁布了一道诏令，要把祭祀汉武帝的"庙乐"进行升格。但诏令刚颁布出来，时任光禄大夫的夏侯胜就提出反对意见。一时间满朝哗然，夏侯胜只是一介臣子，竟然敢反对皇上的诏书，这还了得？于是，群臣马上联名给汉宣帝上了一道奏章，说夏侯胜这是"大逆不道"。同时，这些大臣还把不肯在奏章上签名的黄霸也一块儿给弹劾了，其罪名就是"不举劾"。很快，夏侯胜和黄霸便都被抓起来了，而且还给他们定了死罪，就等待秋后问斩了。

夏侯胜是当时一位著名的儒者，向来刚正不阿，既不阿谀逢迎，更不会向邪恶势力低头，这次他只是觉得皇帝的做法有些过分，便提出自己的意见，没想到却遭此大辱，不禁觉得心灰意冷。

再说那个黄霸，自己本来好好的，平时也不招惹谁，这一次却仅仅因为不愿意与那些人同流合污，结果落得这样的下场，可以说比夏侯胜还冤。但是，黄霸却不忧反喜，因为他一直很仰慕夏侯胜，现在他们既然被关在同一间牢房里，正好是向夏侯胜请教的机会。于是，黄霸便诚恳地向夏侯胜求教。

夏侯胜先是苦笑，然后叹着气说："唉！咱们现在已经是快死的人了，还要那么多学问干什么呢？"黄霸则劝道："孔子曾经说过：'朝闻道，夕死可矣。'我们只要活在当下，把握现在，又何必要去管那虚无缥缈的明天呢？"夏侯胜一听，觉得很道理，于是大受鼓舞，当即便答应了黄霸的请求。从此，夏侯胜和黄霸便每天在牢房中席地而坐，一起钻研学问。夏侯胜悉心讲授，黄霸更是用心听讲，学得津津有味，每次研读到精妙处，两人甚至还拊掌大笑。弄得那些狱吏也觉得莫名其妙，因为他们实在搞不懂，两个即将被处死的人，怎么还会如此快乐呢？

不久之后，汉宣帝开始大赦天下，夏侯胜和黄霸终于出狱了。但他们出狱之后，并没有像其他囚犯那样回到老家，而是被皇帝直接召见，并任命夏侯胜为谏大夫，继续留在皇帝身边，而黄霸则被派到扬州去做地方长官。

由于夏侯胜为人正直，而且学识渊博，所以皇帝又派他去给太子当老师。后来，夏侯胜以90岁高龄逝世时，太后为了感谢师恩，还专门为他穿了5天素服，天下的读书人更是引以为荣。而黄霸被派到扬州当地方长官之后，更是以务实的工作态度，为当地百姓做了很多好事，政绩卓著，名扬天下，很快就被皇帝召回来任命为宰相。

从这个故事中，我们不难看出，牢狱之灾是夏侯胜和黄霸命运的转折点。他们从过去风光无限的士大夫，一下子沦落为阶下囚，而且还是死刑犯。而这样的转折，不管对谁来说，都太大了，太让人受不了了。但是，这个转折对于他们来说，又何尝不是新的起点呢？我们可以想象一下，当琅琅的读书声，从那黑暗而恐怖的监牢中传出来时，那是多么令人震撼呀！

其实，在孩子成长的过程中，伴随他们左右的，并不仅仅是顺心顺意，还有挫折和失意。而当我们的孩子面对不期而遇的挫折时，能否坦然地应对，也恰恰反映了我们的教育理念是否正确。

美国一名官员应邀参加他16岁孩子的毕业典礼，并发表演讲。但他的演讲内容，并不是祝愿孩子们学业有成，一切顺利，而是祝愿他们"不幸并痛苦"。演讲内容如下：

"通常，毕业典礼的演讲嘉宾都会祝你们好运并送上祝福。但我不会这样做，让我来告诉你为什么。

"在未来的很多年中，我希望你被不公正地对待过，唯有如此，你才能真正懂得公正的价值。

"我希望你遭受背叛，唯有如此，你才能领悟到忠诚之重要。

"抱歉地说，我会祝福你时常感到孤独，唯有如此，你才不会把良朋益友视为人生中的理所当然。

"我祝福你人生旅途中时常运气不佳，唯有如此，你才能意识到概率和机遇在人生中扮演的角色，进而理解你的成功并不完全是命中注定，而别人的失败也不是天经地义。

"当你失败的时候，时不时地，我希望你的对手会因为你的失败而幸灾乐祸，唯有如此，才能让你意识到有风度的竞争精神之重要。"

这次演讲，虽然表面上看起来言辞犀利，但他实际上是用一种特别的方式向孩子们传递着正能量。因为人生的真相，从来就不是一帆风顺，更多的时候是逆水行舟；从来就不是心想事成，更多的是事与愿违。而如何面对挫折，实际上也是强者和弱者、卓越者与平庸者的分水岭。所以，挫折并不可怕，能否正确地对待挫折，在受到挫折后能不能重新站起来才是关键。

事实上，失败是孩子的权利，家长应该允许孩子失败，因为失败并非是一件坏事，要不然怎么说"失败是成功之母"呢？如果家长害怕孩子失败，甚至不允许孩子失败，那就剥夺了孩子从失败中思索、在痛苦中学习的机会，那样的孩子或许会成为大人心目中的"好孩子"，但这样的"好孩子"，一旦遇到问题，往往就束手无策了。

在很多父母看来，孩子的想法往往是幼稚可笑的，因为他们总是想干一些几乎无法实现的事。这时，如果父母对孩子的想法加以嘲笑或阻拦，就会束缚孩子的想象力，不利于孩子的个性发展，只会把孩子培养成对父母言听计从的乖孩子，完全丧失开拓进取的精神。而要想培养孩子的才干，就不要怕孩子失败，更不要怕孩子受到挫折，应鼓励孩子按自己的想法去实践，给他们尝试的机会。

当孩子按自己的意愿去做一件事时，他就会竭尽全力去干好，如果成功了，当然能够增加他的信心；如果失败了，他也能够从中吸取教训，总结经验。如果家长因担心孩子干不好而横加干涉，要求孩子按家长的意愿去做，甚至越俎代庖，替孩子干，那么孩子一旦离开家长，就很难独立做事了。

总之，父母一定要给孩子面对挫折和失败的机会，让他在尝试中获得经验，并学会独立解决问题。这样既能培养孩子的责任感和自信心，也能够提高孩子的综合能力。

培养孩子独立思考的习惯

伊芙琳·格兰妮是世界上第一位女性打击乐独奏家，她出生在英国一个农场，从 8 岁时就开始学习钢琴。随着年龄的增长，她对音乐的热情与日俱增，但不幸的是她的听力却在日益下降。医生断定她到 12 岁就会彻底耳聋。她的父母和朋友也纷纷劝她改学其他的专业。

她为此伤心欲绝，因为她人生中最大的目标，就是成为打击乐独奏家。就在她几乎要放弃的时候，她的姨妈对她说："一定不要让其他人的观点阻挡你成为一名音乐家的热情。无论做什么事都要记住：不要管别人怎么说，只要你自己心里知道你是对的就行了。"

听了姨妈这番话之后，伊芙琳·格兰妮便义无反顾地坚持自己的目标，并朝着自己的目标不懈努力，最后终于成为了全世界第一位专职的打击乐独奏家，为打击乐独奏谱写和改编了很多乐曲。

从伊芙琳·格兰妮成功的案例中，我们可以知道，其实每个人都有成功的潜力，只是很多人在为自己目标努力的过程中，总是不知不觉地被他人的观点影响和阻碍，从而改变自己的初衷。所以，一个人拥有独立的思考习惯，是相当重要的。

当父母看到孩子在为一个目标奋斗时，一定不要对孩子行为的积极性发表议论，而要告诉你的孩子对于任何事情都不能草草了事，要深思熟虑。

读书时，让孩子不要一个劲儿囫囵吞枣地全盘吸收，而要取其精华，去其糟粕；对于别人所说的话，勿人云亦云，需斟酌其是否正确。如果孩子不爱去追究有意义的东西，那他的判断就很容易被世俗误导。

要想让孩子成为一个优秀的人，就应让他们学会独自思考，然后坚持自己的想法。为此，父母必须提醒孩子的第一点是：不要被想当然的事所迷惑。即使是一件十分简单的事情，孩子也不要只按照常规去处理。可以让孩子问一问自己，这件事情有没有它自身的特点？这样解决是最佳的方法吗？长此以往，这些问题一旦出现，他就会三思而后行。

很多事情的失败往往由一时疏忽所致。这些错误常常是那些分析能力很强、思维缜密的人们，在急于求成的过程中，由于一时的大意而产生的。

父母要给孩子的第二个提示是：对于从头脑中产生的想法，首先要重新评估一下，它是否真的是自己的意见。要让孩子想一想，这个见解是自己先提出来的，还是曾经听别人说过？这个意见是否有些偏激？其中有多少人为因素？自己看待这个问题客观吗？考虑好了这些问题以后，如果他认为自己的意见是公正的，希望他能多方听取别人对这件事情的看法，然后再综合各种意见，归纳出自己的观点。

"要是我不听他的就好了！"许多人常常这样抱怨道。但是，你为什么不用自己的大脑去处理问题呢？别人的意见或建议固然值得听取和采纳，但也要做一番缜密的思考。当然，谁都不可能永远正确，失误在所难免。不过，如果能够对每件事情都深思熟虑、反复斟酌，就会把失误的概率降到最低。伴随着孩子的成长，麻烦的事也会层出不穷，"思考"本身也是令多数人想省掉的"麻烦"，然而这是每个人都不可以放弃的过程。

第九章
真的爱孩子，就帮孩子开发他的潜能

什么是天才呢？许多大师都用自己的切身体会给天才下了各种各样的定义。比如，歌德说："天才就是勤奋。"蒲丰说："天才就是毅力。"叔本华则认为："天才就是忘我。"而教育专家却认为"每个孩子都是天才"，因为他们发现，在每个孩子身上，都蕴藏着巨大的、不可估量的潜力，只要教育得法，普通孩子也会成为不凡之人！的确，我们不妨想想看，对事物有兴趣、入迷，勤奋、有毅力和忘我的个性，这不正是我们平常在孩子的身上所看到的吗？遗憾的是，由于我们平常只把关注点放在孩子听不听话、乖不乖，或者懂不懂事上面，结果往往导致"捡了芝麻丢了西瓜"。

每个孩子都是天才

很久以前，在一大片森林里，生活着很多的动物，狮子是这里的百兽之王，其他动物都对它十分畏惧，因为害怕被它吃掉，所以都躲得远远的，就连在树上的小鸟见到它也十分害怕。有一天，狮子突然对森林里的所有动物放言，说要把小鸟吃掉。小鸟听到后非常恐慌，当它看到狮子走过来时，便惊恐地、不顾一切地拼命向高空飞去。小鸟一边飞，一边回头看狮子是否快要追到自己，结果却发现，狮子除了昂着头、扯着嗓子朝天空吼叫外，再也没有其他的办法了。看着那只恼羞成怒，却又无能为力的狮子，小鸟终于松了一口气，它高兴地笑了，在天空中欢快地盘旋着、欢呼着……

从这个故事中，我们可以知道，大自然对于每个生灵都是平等的，每个生灵都有自己的潜在能力和长处。就像小鸟，虽然弱小，却可以自由自在地飞翔，让百兽之王——狮子也奈何不了它。

不管你的孩子是否拥有很高的智商，也不管你的孩子是不是天资过人，只要我们帮助他开发出隐藏的那些潜能，他就很有可能会成为优秀的天才。

我们之所以说"每个孩子都是天才"，是因为每个孩子都具有丰富的想象力和很强的可塑性，而且年龄越小，越是开发其大脑潜能的高效时期。相关的研究资料显示：如果孩子在 0~8 岁这段时间，能够得到科学的引导，那么他大脑中的潜能就会源源不断地被开发出来，至少可以增智 30% 左右。一旦错过这个时期，等孩子渐渐长大之后，他大脑中的那些潜能也会随之变得固化，再也不那么容易开发了。而且，长大之后的孩子，那些丰富的想象力也开始消失，取而代之的是成人世界所灌输给他们的思维定式。到那时，再想开发孩子的天才潜能，则为时晚矣！然而，遗憾的是，很多父母往往没有把握住开发孩子潜能的这个高效时期，最终让孩子变得平庸，这是非常可惜的。

调查数据显示，目前家长们在教育孩子方面主要有两种误区：一是不重视孩子的智力开发，白白地浪费了孩子的天才潜能；二是盲目地让孩子去参加那些营利机构所开办的培训班，让孩子得不到正确的引导，白白地破坏了孩子的潜能。因此，如何正确、有效地开发孩子的天才潜能，可以说是每个为人父母者必须去面对和研究的问题。

那么，父母应该如何帮助孩子在高效的时期内开发出那些潜能呢？所谓"知己知彼，百战不殆"。要想正确地引导孩子，就必须先去了解孩子，而且既要了解孩子共性的一面，也要了解孩子个性的一面。至于如何了解孩子，家长们不妨在日常生活中留意观察孩子的行为举止，以了解他的好恶；从他平常的玩耍和游戏中，来判断他的天赋，以及他的大脑中所蕴藏着的潜能。只要细心观察，你可能就会发现，孩子可能不喜欢琴棋书画，却对诗词感兴趣；孩子可能没有耐心，却很有创意；孩子可能不善言辞，却喜欢动手操作……这些都是孩子潜能的外在表现。

当你对孩子有一个大概的了解之后，就可以有针对性地帮助孩子开发他的潜能了。当然，并没有一种可以放之四海而皆准的方法。在这里，我们只能从孩子共性的方面，给年轻的父母们提供几点建议。

1. 让孩子多动手

心理学家霍尔有一句名言："人的心理是手造成的。"这句话是很有道理的，因为每个人的思维与其动作有着紧密的关联，对于孩子来说更是如此。可以说，我们手部在大脑皮层的定位区域很大，因此手的活动直接影响到中枢神经系统的兴奋性，并具有组织其他感官协同活动的作用。而让孩子多动手，其目的也很明显，那就是让孩子通过手部的活动去控制大脑的活动，因为对于儿童期的孩子来说，基本上就是"动作即思维，活动即想象"。因此，开发孩子潜能的第一步，父母们不妨先从训练孩子的双手开始。对于年龄比较小的孩子，可以先让他模仿，比如握拳、掰手指头等，然后逐步提高难度。可以说，在活动中长大的孩子，他的大脑是很灵敏的，这也是为什么很多调皮的孩子往往更有出息的原因。

2. 呵护好孩子的大脑

大脑是孩子思维力和创造力的源泉。我们知道，学习知识要思考，发明创造要思考，制定人生规划也需要思考。可以说，在我们的一生中，思考是无处不在的。所以，开发孩子天才潜能的第二步，就是培养孩子的思考能力。因为只有让孩子拥有较强的思考能力，他才能拥有强烈的求知欲，进而拥有出众的学习能力和创造能力。而所有的这些，都需要孩子成为自己大脑真正的主人，能够拥有一个可以独立思考的世界。但是，很多父母却总是喜欢把自己的思想强制灌输到孩子的大脑中，很多事情常常是"帮你没商量"。比如，有的父母就经常自作主张地要求孩子学这学那，给孩子报这个班那个班。可以说，他们一直都在好心地替孩子拿主意，替孩子着急，甚至替孩子受累。可结果却往往事与愿违，孩子一点也不愿意领父母的这份情，因为他对父母给自己安排的这些内容毫无兴趣。久而久之，孩子对于父母的安排要么逃避和反抗，要么采取敷衍的态度。这样一来，其学习的结果便可想而知了。

3. 尊重孩子的天性

父母应该给孩子自由发挥的空间。教育家加德纳提出的多元智能理论认为，人的智能可分为语言智能、数学逻辑智能、视觉空间智能、身体运动智能、音乐韵律智能、人际交往智能、内省智能、自然观察智能 8 个方面。这一理论告诉我们，孩子的潜能是多种多样的，我们可以通过对孩子进行适当教育和引导，促进孩子各种潜能的发展。

4. 切忌盲目攀比

作为父母，千万不要总拿自己的孩子去和别的孩子进行盲目的比较。只有不断地找出孩子的闪光点，才能真正发现和了解孩子的潜能。如果孩子经常面对父母的批评和训斥，他的大脑就会长期处于抑制状态，他的潜能自然也就会处于沉睡状态中。如果孩子经常得到父母的赞赏和肯定，他的大脑就会处于开放和放松状态，这样，孩子的大脑就会变得非常灵敏，埋藏在孩子大脑中的潜能也就会被源源不断地开发出来。

5. 给孩子一定的空间

父母应该有这样的心理准备，那就是任何事情都有一个积累的阶段，只有积累到一定"量"的时候才可能发生"质"的飞跃。对于孩子潜能的开发，则更是如此。孩子也必须经过一定的积累与储备，他的潜能才能够慢慢地被开发出来，而并非一蹴而就。所以，在教育、培养、训练、引导孩子的过程中，父母千万不要急于求成，一定要给孩子成长的时间和空间。这就需要父母具备一定的耐心和亲和力，和孩子一起去体验和领会成长过程的快乐。

总之，每个孩子都有无限的天才潜能，而孩子的这些潜能能否得到有效的开发，则取决于孩子的父母。所谓"蒙以养正，圣功也"，在孩子还处于懵懂求知的状态下，是开发孩子潜能的良好时机。只要抓住了这个时机，再加上正确的方法，那就是伟大的"圣功"了。

没有笨孩子，只有笨方法

美国心理学教授罗森塔尔曾经做过这样一个实验：刚开始时，他把一些"聪明"的老鼠交给一位实验员训练，又把一些"笨"老鼠交给另一位实验员训练，经过一段时间，他把这些老鼠都放进迷宫里测验，那些"聪明"老鼠比"笨"老鼠要灵巧得多。但是，谁也没有想到，罗森塔尔教授事先并没有考察过这些老鼠，所谓的"聪明"老鼠和"笨"老鼠只是他随意区分的，而实验员却根据他的评价产生了不同的想法和做法，最终导致了不同的训练效果。后来，罗森塔尔教授又把这种实验方法扩大到某所学校，对学生进行实验。他交给老师一份名单，并对老师说："名单上的这些学生很聪明，很有发展潜力。"一年过后，老师告诉他，名单上的学生成绩果然优于其他同学。但老师并没有想到，罗森塔尔教授在交给他这份名单时，事先并没有对这些学生进行过考察，只是从学生的花名册上随意挑选出来而已。

从罗森塔尔教授的这个实验中，我们至少可以得到下面的几点启发。

第一，当我们把孩子当成"聪明"的孩子来教育时，孩子自然就会越来越聪明；当我们把孩子当成"笨"孩子来说教时，孩子也会越来越笨。

第二，孩子需要从父母和别人那里得到尊重。因此，父母一定要从内心里去尊重孩子，了解孩子，而不要总去伤害孩子的自尊心。我们不妨试想一下，当孩子经常从父母或老师那里得到"笨"的暗示时，他的心灵自然就会被一种消极的阴影所笼罩，而这种负面的影响往往会伴随他的一生。要知道，孩子的心理本来就很脆弱，而且很敏感，父母不经意间的一些言语，往往就会对他产生深远的影响。

第三，每个孩子都需要表扬和鼓励，当父母对孩子有更多的信心时，孩子自然就会受到激励，他的进步也会越来越快。

心理学家研究证明：大多数人的智商都是差不多的，特别聪明和特别笨的孩子都是很少见的。

其实，很多孩子之所以"笨"，并不是先天智商有什么问题，大多数情况是错过了高效的智力开发时期，或者是训练方法不对而导致的。但是，很多家长却因为孩子"太笨"，所以对孩子失去信心，从而疏于引导，更有甚者在平时对孩子说话时总是口无遮拦，对孩子的心灵造成了极大的伤害。

有人曾经到幼儿园做过一个调查，调查问卷上有这样一个问题："你最讨厌爸爸妈妈说你什么？"对于这个问题，很多孩子的回答是："他们总是说我太笨！"也有一些孩子回答："爸爸妈妈说我不是学习的料。"童言无忌，孩子的话是他们内心的最直接反映，但这又是多么令人心酸的回答啊！

既然孩子讨厌父母说自己笨，那么很显然地，孩子当然喜欢父母说自己聪明了。实际上，真正高明的父母，不是发现自己的孩子是一个"笨孩子"，而是能够将一个"笨孩子"培养成为聪明的孩子。

那么，父母应该怎样做，才能让孩子越来越聪明呢？下面的几点建议，家长朋友们不妨参考一下。

1. 多与孩子进行交谈

言为心声，对于孩子来说，语言是他内心最直接的表露。另外，一个人在对话的过程中，也会锻炼大脑的思维能力。因此，经常与孩子进行交谈，不但可以加强孩子的语言表达能力，还可以促进孩子的逻辑思维能力，提高孩子解决问题的能力。

当然，在与孩子进行交谈时，父母还应该注意一些技巧。

①抓住时机进行引导。孩子对周围的事物往往充满好奇，所以他们经常会向父母提出许多的"为什么"。这时，聪明的父母一般都会意识到这是好事，因为喜欢问"为什么"的孩子，一般都有很强的求知欲，所以他们会抓住时机，对孩子进行引导，帮助孩子找到"为什么"背后的答案，或者对孩子进行反问，更好地激发出孩子探索答案的欲望和动力。这样，孩子自然就会变得越来越聪明。相反，如果父母缺乏教育的经验，对孩子提出的诸多"为什么"感到不耐烦，甚至批评孩子"钻牛角尖"，孩子自然就不会有那么多的"为什么"了。但与此同时，孩子也会越来越懒得动脑，以至于变得越来越"笨"了！

②随时交流。与孩子的交谈应该随时进行，而不一定非要在一个特定时

间里进行，比如，睡觉前、晚饭后、接送孩子回家的路上，父母都可以随时随地寻找能开阔孩子眼界和心胸的话题，从而让亲子双方都能从谈话中产生愉快的感觉。需要注意的是，对于孩子提出的一些问题，不管有多么简单和幼稚，父母都应该认真对待，耐心地解答，切忌对孩子提出的问题进行取笑，甚至讥讽。因为这样会大大损伤孩子的好奇心，进而影响孩子对事物探索的兴趣与想象力的发挥。当然，对于自己也不知道答案的问题，父母不能以一句简单的"不知道"来应付孩子，而是可以反问孩子："你说呢？"或者"你认为会怎样？"以引导孩子做进一步的思索。或者，在有时间的情况下，可以和孩子一起对这个问题进行探讨，一起查阅资料，找到答案。这样不仅会满足孩子的好奇心，更会教给他一种学习方法，何乐而不为呢？

③不设定内容。孩子的心灵是美好、纯洁、善良的，同时也是幼稚、单纯的。因此，从孩子嘴里说出的话往往是不加掩饰的大实话，但孩子的这些实话有时却往往得不到父母的认可。比如，很多父母在与孩子谈话的过程中，总喜欢教导孩子什么该说，什么不该说，久而久之，孩子在谈话的过程中，自然就会失去实话实说的勇气，进而向父母关闭自己的心灵之门。因此，我们应该做敏感的父母，只有善于倾听孩子的心声，才能帮助我们充分洞察孩子的内心世界，挖掘他的灵气。这也是父母和孩子共同成长的过程。

④多谈孩子感兴趣的话题。父母都有这样的体验，对于自己感兴趣的话题百谈不厌，不喜欢的话题则会一句也不想参与。这种体验对孩子来说也是如此。即便一个看起来比较木讷的孩子，如果父母和他谈论一些他比较感兴趣的话题，他也会马上做出反应，积极参与，甚至会滔滔不绝、头头是道。因此，当发现孩子越来越沉默寡言时，父母不妨反思，是不是家庭中所谈论的都是一些孩子不感兴趣，甚至是他反感的话题呢？如果是这样，我们何不转换一个话题呢？只要父母能够多和孩子谈一些他感兴趣的话题，相信他就会变得越来越活泼，越来越聪明。

⑤扩展谈话内容。扩展谈话内容不仅可以增加亲子间交流的信息量，还

可以帮助孩子开拓思路。比如，在和孩子一起看动画片，一起谈论其中的人物时，父母可以顺势一起谈论动画片的制作过程；在与孩子一起阅读时，可以说一说他喜欢的几本书，顺便谈起这些书的作者及其成才经历。这样，不但可以让孩子对事件本身有一个比较明晰的了解，还可以不断拓宽孩子的眼界。而且，这种深入的分析对孩子智力增长的作用，往往要比谈话内容本身大得多。因为，孩子在这样的谈话过程中，可以逐渐学会以父母的思路作为借鉴，逐步培养自己独立思考和有效解决问题的能力。

2. 对孩子要多一些耐心

所谓"人但有恒，事无不成"，教育孩子也是这样，只有真正地用心，并付出自己的耐心，才能培养出优秀的孩子。凡是为人父母者，都有这样的经验，在教育孩子的过程中，不管你掌握了多少好的方法，在具体的施行过程中，都不可能一切顺利，甚至会遭到孩子的挑战。这个时候如果选择了放弃，那所有的一切努力就都付诸东流了。老子曾经说过"道法自然"，但也认为"强行者有志"。所以，教育孩子，绝对不是顺其自然那么简单，而要在遵循孩子天性的前提下，采取一些强制的措施。这些强制的措施既是针对孩子的，也是针对父母自己的，这就需要父母具备一定的耐心，才能真正地承担起这项伟大的责任和义务。

3. 让孩子把话说完

在这个世界上，没有一个孩子是"万能"的，也没有一个孩子是"万不能"的。所以，父母教育孩子时，应该保持平和的心态，不管自己的孩子多么"笨"，当他有话要说时，一定要让孩子把话说完，并表示"同感"，然后再进行正确的引导。千万不要还没等孩子把话说完，就打断他的话，对其进行反驳或训斥。这样的话，久而久之，孩子自然就没话说了。要知道，一个不说话的孩子，并不是他有什么自知之明，而是自卑的表现。

4. 经常与孩子一起探讨

与孩子一起探讨，是父母帮助孩子健康成长的最好办法。因为，并不是每个父母都是专家，即便是专家，也很难做到把每个问题都弄清楚。在遇到孩子问的一些问题，自己也回答不了时，最好的办法就是与孩子一起探讨，一起寻找最合适的答案，而不是胡编乱造或简单省力地用"我也不知道"来应付孩子。遇见生字可以一起查字典，遇到术语可以一起查看百科全书，实在解决不了的问题，还可以请教老师或这方面的专家，可以上互联网搜索答案。这样，孩子不但能学到很多的知识，还能掌握更多的学习方法，更为重要的是培养了孩子实事求是的学习态度以及认真钻研的顽强精神，这些素质的培养对孩子的成才是必不可少的。

5.鼓励孩子寻找更好的答案

面对问题，当孩子自己找到答案时，父母常常会怎么做？不少父母都知道要及时地给孩子表扬。其实，更高明的方法是在给予孩子肯定的同时，再问问他："还有没有更好的答案呢？"研究显示，父母的这种"逼问"方式可以迅速激活孩子的思维，促使孩子再次进行认真、反复的思考，并引导孩子从不同的角度来看待一件事。这正是训练孩子思维方式多元化的一个良好办法，如果我们能够这样持之以恒地训练孩子，相信他会变得越来越聪明。

总之，世上没有绝对的笨孩子，关键是看我们对孩子是否真的用心。只要用心了，那么请相信，再笨的孩子也会越来越聪明。

智商不等于智慧

在对天才的辨别中，人们往往会有这样一个错误的观念，那就是认为智商高的人就是天才，而智商低的人就是平庸之辈。很多年轻的父母更是非常关心孩子的智商，因为在他们看来，只要孩子的智商高，就有成为天才的希望，就可以对孩子进行"天才教育"，并开始逼着孩子学这学那。如果孩子的智商偏低，就认为孩子这辈子是没有希望了，于是不再关心孩子的学习与成长，甚至无情地打击孩子。殊不知，正是这种极端的态度与行为，扼杀了孩子的天才素质。前者的行为往往会导致孩子产生厌学情绪，导致孩子的高智商不是用来学习，而是用来与父母对抗，最终当然事与愿违；而后者的行为也正如父母"所愿"，孩子最后真的没有希望了。

那么，智商到底是什么呢？为什么那么多人如此看重它，甚至以此来评判人的优劣呢？简单地说，智商是指一个人在数字、空间、逻辑、词汇、创造、记忆等方面的能力。但需要说明的是，人的智商是动态的，一次测试只能说明孩子此时此刻的智力状态，并不能代表永久。因此，我们不应该仅凭对孩子进行一两次的智商测试，就对孩子的智力做一锤定音的判断。

目前，国际上通行的智商测试方法，是韦克斯勒智力量表（简称韦氏量表），该量表凝聚了众多专家的经验，并且通过了大量的常模测试。只要测试者的专业水平过关、测试环境合格，孩子在思维正常的状态下认真做题，测试结果基本上可以代表孩子真实的智商水平。但是，不管孩子当前的智商处在什么样的水平，都不能决定孩子未来会取得什么样的成就。即使孩子当前的智商很低，父母也没有必要因此而对孩子失去信心，因为孩子的智力是可以通过训练和学习得到提升的。

所以，对于智商测试的结果，父母一定要有一个正确的态度。

1. 走出智商测试的误区

一般情况下，人们总是习惯用智力测验成绩的高低，来辨别孩子是否聪明和优秀，如果孩子的智商在 125~139 之间，便认为孩子是聪明的、优秀的；如果孩子的智商在 140 以上，便认为孩子是天才；如果孩子的智商达不到102，便认为孩子这辈子没有希望了。其实，这是一种误区。因为真正决定孩子能否成为天才的，并不是孩子的智商，而是孩子自身各种素质的综合。孩子智商的高低只是给父母和老师提供一个参考而已。因此，父母千万不要陷入智商测试的误区，以避免对孩子造成伤害，耽误孩子的潜能开发与智力发展。

2. 莫让智商测试耽误孩子的发展

智商测试可以让父母更加了解孩子智能的发展状况，及时发现孩子智力的弱项，以便对孩子进行有针对性的培养和指导，以免错过关键时期。但如果仅仅因为孩子的智商低，就认为孩子这辈子没有希望，这就不应该了。实际上，智商比较低的孩子，通过刻苦的训练之后，都能够成为某一方面的天才。比如，曾国藩小的时候，一篇很短的文章，他背了一夜，硬是没有背下来。这样的孩子，说他智商高，那是谁也不会相信的。但是，曾国藩后来的成就，大家都是知道的。所以，如果孩子在学习上出现了问题，父母应从分析孩子的学习方法、学习习惯、学习兴趣等方面入手，寻找问题的症结所在，而不是在智商上乱转。

另外，单纯以智商测试的结果来衡量孩子的智力，对孩子来说本身也是不公平的。所以，建议父母们最好不要轻易带着孩子去进行智商测试。即便是进行测试，也应该提前和孩子沟通好，以免伤害他的心灵和自尊。

3. 智商测试结果不能代表孩子潜能的高低

智商测试虽然能够测出孩子大概的智力水平，却无法测出孩子的想象力、直觉力、创造力、人际交往能力和发散思维能力等这些潜在的能力，因为智商测试仅仅是偏重于建立知识的能力而已。所以，智商测试根本无法测出孩子解决问题的能力和潜在的能力。

实际上，一个天才的成长，是离不开想象力和创造力的，而这些能力的获得，靠的是不是智商，而是需要孩子个性的不断发挥和平时的训练。高智商的人，不一定就有创造力；而有创造力的人，不一定智商就很高。

当然，有些天才的确具有超过平均或者是普通人的智力水平，但有些天才的智力水平和普通人没有什么差别，甚至还远远低于平均水平，但他们却取得了让后人难以超越的成就。比如，19世纪德国的天才卡尔·威特，年仅

9 岁时就能够自如地运用德语、法语、意大利语、拉丁语、英语和希腊语这六国语言。同时还通晓动物学、植物学、物理学、化学，尤其擅长数学。他 10 岁时就进入了哥廷根大学，14 岁就被授予哲学博士学位，16 岁就获得法学博士学位，并被任命为柏林大学的法学教授，23 岁时出版了《但丁的误解》一书，成为研究但丁的权威……但是，我们能够想象得到吗？卡尔·威特获得如此惊人的成就，并不是由于他的天赋有多高——恰恰相反，他出生后被认为是一个先天不足的痴呆儿——而所有这些成就的取得，完全是他父亲教育有方的结果。

总之，智商测试并不足以评量出孩子在未来的学习发展中所表现出的诸多能力，也无法评量出孩子对某些学科到底有多大的兴趣。因此，智商测验得出的结论仅仅起到一个参考的作用，绝对不能以此来断定孩子能否成为天才。

所有的天才都是教育的结果

据科学家研究，一个人能够成才，各种遗传的因素不会超过 20%，另外的 80% 是靠后天培养形成的。

当我们坚信一个孩子是天才时，他就极有可能会成为天才。这一切都源于孩子有了自信，他相信自己就是天才。正是这种自信激发了孩子的天才潜能，并成为了孩子前进的动力。

当然，要让孩子走上天才之路，需要父母付出更多的心血。但同时并不是所有的付出都能得到回报，尤其是培养一个天才孩子，父母除了给孩子创造一个成才的环境，实施正确的教育外，更需要给孩子足够的耐心和持之以恒的引导。

　　爱因斯坦是举世公认的大科学家。在他很小的时候，就经常提出一些古怪的问题。比如，指南针为什么总是指向南方？什么是时间？什么是空间？等等，别人都认为他是一个傻孩子。有一次，爱因斯坦的母亲带他和朋友们一起到郊外游玩，别的孩子有的爬山，有的游泳，有的玩闹，唯独爱因斯坦一个人默默地坐在湖边，凝视着湖面。这时，有朋友悄悄地走到爱因斯坦母亲的身边，不安地问道："这孩子为什么总是一个人对着湖面发呆？是不是神经有毛病啊？还是趁早带他去医院检查检查吧！"爱因斯坦的母亲听了这些话之后，不但没有担忧，反而十分自信地说："我的小阿尔伯特没有任何毛病，你们不了解，他不是发呆，而是在思考。我相信他将来一定会成为了不起的人物。"

　　爱迪生是有名的发明家，就是这样一位天才，却只在学校里上过90天学，因为老师觉得他的大脑有问题，所以将他劝退了。但是，爱迪生离开学校后，他的母亲不但没有对他失去信心，反而坚信自己的儿子拥有非凡的天分。从此，她便亲自指导爱迪生读书，并鼓励他继续在家搞实验。就是在母亲的正确引导下，爱迪生最终成为了一位发明家。

　　从上面两个天才成长的例子中，我们可以看出，任何一个天才的诞生，背后都有一个和谐、宽松、充满爱心和激励的家庭环境。当然，我们并不排除一些天才天生就拥有高于常人智商的可能，但如果他们在成长的过程中，没有得到良好的环境熏陶和正确的引导，那么，这颗天才的种子也将无法生根、发芽。因为对于孩子而言，如果没有好的家庭教育，即便是请最优秀的教育家对他进行最高明的教育，也不会有好的结果。

　　其实，每个孩子都是天才，但天才的成长却又与家庭的教育有着直接的关系。也就是说，家庭的教育方式决定了孩子能否沿着天才之路走下去。因为孩子的成长空间是以家庭为中心的，家庭教育是对一个孩子的全部教育中最为核心的组成部分。同时，在孩子成长的过程中，他所掌握的任何能力都不是天生的，更不是从天上掉下来的，而是在一定的环境条件下慢慢培养出来的，而家庭需要给孩子提供的正是这样的环境。

开发孩子智力的妙招

每个孩子出生之后，由于大脑发育程度的不同，所以智力自然就会有所差异。不过，差异虽然存在，但也不会太大，可以说特别聪明与特别笨的孩子是很少的，他们所占的比例最多也不会超过1%。所以，从先天的角度来讲，绝大多数孩子的智力其实都差不了太多。但是，随着孩子的成长发育，以及他们在不同环境中受到的不同影响，最终表现出来的聪明程度、智力高低差距就会越来越大。

所以，大多数孩子的智力水平主要还是靠后天的培养、训练、积累而获得提高。也就是说，孩子的智力是可以开发的。当然，这还是离不开环境的因素，有些孩子由于身处较好的、有利于智力发展的环境和条件下，当然就容易显得更聪明一些；反之，那些身处不利于智力发展环境中的孩子，往往就显得略差一些。

科学家经过研究认为，人的思维活动受到以下4个方面影响：思维观点、思维态度、思维模式和思维方法。思维观点和思维态度应该比较容易理解，至于思维模式，指的就是形象思维、抽象思维、逻辑思维、创造思维等。而思维方法则表现为记忆力、理解力、综合力、分析力、分辨力、应变力等。同时，思维方法还包括是全面地看问题，还是片面地看问题；是从根本上看问题，还是只从表面上看问题；是从长远角度看问题，还是只从当下角度看问题，等等。

而以上这些思维品质，都是可以通过培养训练获得并提升的。

例如在幼年时期，或者说是学前时期和小学低年级阶段，我们可以着重训练孩子的记忆力、观察力和理解力——这也是开拓思维的3项基本能力。

那么，父母应该怎样做，才能帮助孩子开发出超群的智力呢？

1. 培养孩子的兴趣爱好

有人曾说过："如果孩子的兴趣和热情得以顺利发展，就会成为天才。"可见，兴趣和热情对于孩子的成长是多么重要，遗憾的是，许多父母在对孩子进行早期教育的过程中，往往忽视了孩子的兴趣，也不注重对孩子进行兴趣的培养，只是采取逼迫的手段，希望孩子按照自己的思路成长。这样一来，被无情压制的不仅仅是孩子的兴趣，更有可能是孩子身上那颗天才的种子。

其实，任何一个孩子，只要智力正常，都会较容易对周围的事物产生兴趣。只要父母充分认识了这一点，从小开始引导、培养孩子的兴趣，并想办法让某种兴趣在孩子身上得以保持，那么，每个孩子都会成为有个性、有热情、有创造力的天才。

①发现和呵护孩子的好奇心。孩子的好奇心一般都与兴趣有着密切的关系，可以说，好奇心是促使兴趣产生的前提，而兴趣又能促进好奇心的发展。因此，在培养孩子兴趣的同时，我们还要注意发现和呵护孩子的好奇心，并对其进行培养与引导。

②为培养孩子的兴趣创造条件。孩子的兴趣是在体验和探索的过程中产生并发展起来的。因此，父母要主动为培养孩子的兴趣创造条件，让孩子多体验生活，多进行户外活动。比如，可以经常带孩子外出游泳、参观、比赛等，鼓励孩子参加各种有益的社会活动和集体活动，让孩子广泛接触社会，

全面了解生活，以此培养孩子广泛的兴趣爱好和对生活的热情。

　　③发展孩子已有的兴趣。孩子的心思最容易变化，他可能今天喜欢这个，明天又喜欢那个。对此，可能有很多父母会感到头疼，弄不明白孩子的心里到底想的是什么，有的父母则干脆顺其自然，让孩子自己去"折腾"。但是，聪明的父母却懂得如何发展孩子已有的兴趣，让孩子对某种事物保持长久的兴趣和热情，并对此进行积极的探索。比如，发现孩子对风、云、雨、雪等自然现象产生兴趣时，可以给孩子讲有关的童话故事，用通俗易懂的语言告诉孩子这些现象形成的原因，并用生动形象的比喻来帮助孩子理解，让孩子闻其未闻、见其未见，以此激发孩子更大的兴趣，并在此基础上引导孩子注意观察其他自然现象，学习更多的自然科学知识。这样，孩子不但保持了对已有兴趣的热情，还能将原有的兴趣扩展到其他领域。

　　④培养孩子的特殊兴趣。我们知道，很多艺术家和某些领域的天才，往往在他们很小的时候就显露出了某种特殊的天赋，而这种特殊的天赋恰恰是蕴藏在他们体内的特殊才能，进而表现出特殊兴趣。对此，父母应该注意对孩子进行观察和培养。

　　作为父母，如果你能做到善于发现和培养孩子的这种特殊兴趣，那么你的孩子就是幸运的，因为有你这样的父母，他今后可能会成为某一领域的杰出人物。当然，很多孩子的特殊兴趣可能会随着生活经验的增多和年龄的增长而逐渐消退或减弱，但只要发现并培养了孩子的特殊兴趣，就一定能最大限度地发挥孩子的潜在能力。

2. 掌握一定的知识

　　培根说过："知识就是力量。"这句话不管放在哪里，也不管放在哪个时代，可以说都是真理。放眼古今，那些留名青史的人物，没有哪一个不是因为掌握了丰富的知识，才开创了自己的事业的。可以这样说，知识就是天才的基础。没有知识，就像无源之水、无本之木一样，一切都将无从谈起。那么，作为父母，我们应该如何将知识传授给孩子，或者引领孩子去掌握知识呢?

①教孩子玩游戏。喜欢玩游戏是每一个孩子的天性,对于孩子来说,游戏就是生活,游戏就是成长,是他们为了适应将来的劳动和工作所做的一种准备。因此,要想让你的孩子变得更优秀,就要让孩子拥有一颗爱玩游戏的心。日常生活中,父母可以通过开展亲子游戏把孩子带入快乐的游戏世界,并不断地变化玩法,引导孩子尽可能地发挥自己的想象和聪明才智。

②教孩子识字。大量实践证明,2~6岁是孩子一生中的识字黄金阶段,在这个阶段进行识字活动,孩子不仅接受得较快,相应地,还能促进他的记忆能力、思维能力、动手能力、观察能力、语言能力和理解能力的发展。当然,由于孩子年龄尚小,还没有形成一定的控制力,父母在教孩子识字时,应该尽量采用有趣的游戏形式。比如,可以将一组字写在8厘米见方的卡片上,将卡片放在一个盒子里。游戏时,爸爸妈妈可以和孩子一起坐在床上,每个人依次从卡片盒里随意抽出一张,认真看过之后,清楚地念出来。然后,把所有的字一一拿给孩子看,请他读出来,会念时给予鼓励,不会念或念错时应耐心地教他或给予纠正。当孩子全部记住这些字之后,可以结合词语进行识字训练。开始时应尽量选一些滑稽有趣而且简单的词语,这样,孩子自然就会渐渐地喜欢上识字的过程。

3. 读诵经典,继承传统

很多父母可能会认为,一本书是不是好书,要看孩子喜不喜欢,或者认为只要是孩子喜欢的书就是好书。但实际上,好的图书,孩子不一定喜欢;而孩子喜欢的,也不一定是好书。比如《论语》《道德经》,这些书好不好?绝对好,但这对于年幼的宝宝来说,根本谈不上喜不喜欢,因为他们不理解里面的内容是什么。但是,如果父母每天念给他们听,并让他们跟着一块儿念,他们自然就会喜欢,并在不知不觉中把里面的内容全部背下来。为什么会这样?一方面是榜样的力量在起作用,另一方面是孩子本身具有很强的可塑性。因此,在很多情况下,父母不应该像问孩子喜欢吃什么口味的零食一样，去问孩子喜欢读什么样的书。因为对于年幼的孩子来说，他喜不喜欢读书，喜欢读什么样的书，完全取决于父母的引导，这也是每一个为人父母者最不应该放弃的权利和义务。

4. 培养孩子的创新意识

当孩子具备了一定的知识量之后，虽然他已经很"优秀"了，但离"天才"还差最为关键的一步，这就是创新意识。因为只有创新才能有所突破，才能成为真正意义上的天才。那么，父母应该如何培养孩子的创新意识呢？诺贝尔物理学奖获得者艾伯特·詹奥吉曾经说过："创造就是和别人看同样的东西却能想出不同的事情。"因此，培养孩子的创新意识，应该从鼓励孩子求异、质疑、想象和幻想开始。

①鼓励孩子求异。父母一定要鼓励孩子主动探索，从多角度、多方面地想问题、看事物，敢于从平常中看到异常。如果孩子能发现不同寻常、出人意料的问题，能提出新奇的观点，这正是他们的难能可贵之处。此时，父母千万不要武断地用平常的标准去评价孩子，从而早早地把孩子的创造力抹杀掉，而应该及时发现孩子的与众不同之处，对孩子的新奇念头和大胆想象给予称赞和鼓励。

②引导孩子质疑。当孩子提出一些不着边际的问题时，千万不要嘲笑孩子的幼稚和无知。因为孩子大脑中的无数个问号，正是创造力的萌芽。因此，父母不但要引导孩子提出问题、探索问题，还应该鼓励孩子挑战权威、质疑权威，鼓励他站在自己的角度，去发现新的问题。

③启发孩子的想象力。丰富的想象是创造力的翅膀，是孩子创造性学习、创造性活动的基础和不可缺少的条件。父母可以经常给孩子提供一些画面、景物、音乐、文字等，引导孩子展开联想，或者给孩子提供故事的起因，让孩子推断故事的经过和结果，想象故事情节，或变换角度改编故事。

④鼓励孩子多做尝试。父母要多鼓励孩子做"白日梦"，以激起他的创造热情。可以多让孩子搞些小试验、小发明等，让孩子触类旁通，在"拆

拆""装装""试试"中反复不断地摸索。即使孩子做错了，也不要对他求全责备或埋怨，而是应因势利导，让他不怕失败，勇于进取，从中获得创造的勇气和信心。

总之，一个孩子能否走上成才之路，与他早年受到的家庭教育有着决定性的关系。作为父母，你不一定是大学者，不一定有较高的文化水平，但只要你有一颗爱子之心，有一双能发现天赋的眼睛，有培养孩子的信心和持之以恒的耐心，你就能够把孩子引上成才之路。

因材施教是成才的关键

在《论语》中，记载了这样一个故事：

有一天，子路问孔子："老师，您教给我们的仁义之道，真是令人向往！请问我听到这些道理后，应该马上去实行吗？"

孔子回答说："你有父亲和兄长在，应该先听听他们的建议，怎么能听到这些道理就马上去实行呢？"

过了一会儿，冉有也来问："老师！我从您这里听到那些仁义之道后，应该立即去实行吗？"

孔子说："是的，应该立即去实行。"

这时，一直站在孔子旁边的公西华听得糊涂了，子路和冉有问的是同样的问题，为什么孔子的回答却截然不同呢？于是便问孔子："老师，子路和冉有问的是同样的一个问题，为什么您的回答却不一样呢？我实在是弄不明白，请先生赐教。"

孔子说："因为子路生性勇武，我让他先听听父兄的建议，就是让他凡事不要那么冲动，意在中和他的急性；而冉有做事容易拖延，所以要激励他，听到之后马上就去实行，不要患得患失。"

这个故事可以说是孔子"因材施教"的经典案例，而类似这样的故事，在《论语》里面还有很多。比如，同样是回答弟子问"仁"，孔子对颜渊的回答是"克己复礼为仁"，对仲弓的回答是"己所不欲，勿施于人"，而对司马牛的回答则是"仁者，其言也讱"。孔子之所以这样回答，原因其实很简单，因为颜渊的学问和修养在孔门弟子中是最高深的，所以孔子只告诉他关于"仁"的纲领就行了。而仲弓和司马牛的学问则不如颜渊，所以在回答他们时，就必须谈到"仁"的细目。

对于成人的教育尚且需要因材施教，对于孩子的教育就更要如此了。教育家陶行知对于因材施教的方法，曾经做过一个精彩的比喻："培养教育人和种花木一样，首先要认识花木的特点，区别不同情况给以施肥、浇水和培养教育。"的确，每个孩子生来都有着不一样的天赋。有些孩子可能对语言比较敏感，有些孩子对音乐比较感兴趣，有些孩子体质比较好，有些孩子的记忆能力比较强，有些孩子则善于观察……而孩子只有在适合自己的领域里，才能做到学有所成。

其实，所谓的因材施教，就是顺应孩子的优势进行培养，让他的天赋得到最大限度的发挥，并借以弥补其劣势。一般情况下，从大的方面来讲，孩子的学习风格可以分为认知型、模仿型、逆思型和开放型。所以，我们不妨从孩子的天赋和学习风格入手，对孩子进行因材施教。

1. 认知型的孩子

认知型的孩子一般都有以下特质：

①拥有探索真理的精神；

②希望自己发现，自己领悟，不愿意随声附和；

③时常有独到的想法或见解，坚持己见，独树一帜；

④常因为太主观而不易沟通，固执己见，以自我为中心。

因此，父母在教育认知型的孩子时，一定要以朋友的方式来对待，并注重以理服人。当父母对孩子有某些想法或要求时，可以用征求和商量的语气说出来，比如："宝贝，妈妈觉得这件事如果这样做会好一点，你看是不是？"这样，孩子自然就会觉得他的想法得到了尊重，同时，也调动了孩子动脑思考的积极性。当孩子犯错误时，可以先对他说"你这样做，妈妈很难过"之类的话，当他看到妈妈虽然很不开心，却也没有责怪他的意思时，自然就会自我反省，抗拒的心理情绪也会相应下降，如此，接下来的说理就会很顺利，孩子一般也不会再狡辩了，这种方法可以有效地避免亲子之间发生冲突。当孩子遇到挫折时，不管是出于什么样的原因，父母一定要给予鼓励，而不是嘲讽，可以这样对孩子说："你现在做得已经很好了，爸爸像你这么大的时候还不如你呢！"话虽简单，却能够让孩子充满信心地继续迎接挑战。

2. 模仿型的孩子

如果你的孩子属于模仿型，他的模仿能力会非常强，只要他感觉好玩或有兴趣的事物，不论好坏，一律都会学过来。因此，父母一定要帮他选择好玩伴，而且要及早告诉他什么是正确的，什么是该学的，什么是不好的，什么是不该学的。

另外，父母也应该以身作则，不要在孩子面前有不良的表现，以免孩子照单全收。而且，父母平时应该多关心孩子的表现，并对孩子多多鼓励和夸奖，让孩子对好的事物加深印象，形成良好的习惯。还可以多给孩子读一些名人传记、历史典故，从而给孩子树立起良好的榜样，很好地规范孩子的行为。

3. 逆思型的孩子

逆思型的孩子往往以否定别人为自己的快乐。比如，妈妈做好了皮蛋粥给他吃，他却说想吃蔬菜粥；而当妈妈第二天做了蔬菜粥给他吃时，他又说想吃皮蛋粥了。孩子的这些"反常"行为，在很多人看来，好像是恶意的，其实并非如此，这只是出于一种本性而已。

逆思型的孩子思维方式与常人不同，常常从我们意想不到的角度考虑问题，拥有很强的创新能力与发明潜力。当父母遇到他的另类想法与大家不一致时，一定不要急于斥责孩子，而是应该站在孩子的立场上，对这件事情换个角度给予理解，切忌强迫孩子顺从父母的意思……

对于逆思型的孩子，最好的教育和引导方法是激将法，父母可以用此法来刺激孩子，让其走向相反的方向。另外，由于孩子喜欢竞争与挑战，父母可以与孩子协商制定一些合理的办法，以积分的方式对孩子的言行给予奖惩，达到一定积分时，父母要给予一定的奖励，反之则给予处罚，以激发孩子的动力。

只要父母掌握好逆思型孩子的特质，并用适当的方法与孩子进行沟通，你就会惊喜地发现，以往令你头痛的"爱找麻烦"的孩子也会向你规划好的方向前进。

4. 开放型的孩子

开放型的孩子一般都拥有比较开放的思考能力及大量吸收的能力，他们从小就对各类事物有较强的接受能力，会像海绵吸水一样吸收各种知识。对于这种类型的孩子，父母可以大量地教给孩子各类知识，不要怕孩子吸收不了，也不要怕孩子太小感觉累。在正常的情况下，这种类型的孩子会很轻松地吸收、消化大量知识。

这类孩子的缺点是学习主动性不够，属被动学习型。如有父母陪同学习和指导，采取一对一辅导，效果当然会更好，孩子的许多智能、技能也会得到长足的发展。但如果父母对孩子培养的力度、广度不够，那么，孩子的潜力往往就会被浪费。因此，父母平常注重学习，对培养孩子具有举足轻重的作用。

另外，一些父母在教育孩子时通常会陷入某些误区，比如，很多父母希望自己的孩子在各方面都很出色，成为全才，但实际却很难达到。其实，最好的办法就是先发展孩子擅长的方面，而不要一开始就逼迫孩子在他所不擅长的领域有所突破。等到孩子擅长的方面已经达到熟能生巧，并转化为一种学习技巧之后，就可以引导他把已经掌握的学习技巧用到其他科目（包括他的弱项）上去。很多天才之所以能够在多项领域都有所建树，原因即在于此。

总之，要做到真正的因材施教，父母必须从孩子年幼时开始，尽早辨识出孩子的优势和缺点，帮助孩子努力发展他的优点，直面其弱点。只有这样，孩子才能够成为真正的天才。

很多天才都是这样被毁掉的

有一位酷爱音乐的孩子，在三四岁的时候就已经学会谱一些简单的曲子了。在我们看来，这无疑是一个音乐天才诞生的前兆。然而，遗憾的是，他的父母却一心想把他送入名牌大学，并设想着让他读博士，然后再找一份好的工作。他们认为这条路是最有前途的，而音乐只能作为消遣，不值得一个人为之奉献一生。于是，他们从来都不夸赞孩子谱制的小曲目，反而说这是不务正业，并苦口婆心地劝说孩子把心思用在功课上，希望他能够在学校里好好学习，取得好成绩。但是，几年下来，这个孩子并没能按照父母所规划的道路走下去，不但没有把书念好，甚至对音乐也失去了兴趣，再也提不起精神来谱曲了。

在现实生活中，这样的孩子其实还有很多，他们有的喜欢音乐，有的喜欢绘画，有的喜欢舞蹈。但是，很多粗心的父母却往往忽视了孩子的天赋和理想，更看不出自己的孩子与别人的孩子之间的区别，总是看别人怎么教育孩子，然后自己依样画葫芦，孩子稍有不从，就严加管教，结果却往往断了孩子的成才之路。

实际上，孩子在成长的过程中，只有在为自己的理想而奋斗的时候，他才会觉得自己是快乐的、充实的，并因此而找到自己生命的价值。可惜的是，很多父母并没有意识到这一点，只是一厢情愿地按照自己的想法去要求孩子。

黄伟是一名中学教师，自从有了儿子小伟后，他就一心想把儿子打造成优秀的"天才"。于是，他开始对儿子实施一系列的智力开发教育，在小伟4岁时，其智商和学识就明显超过了同龄孩子。黄伟见此，便决定让小伟提前上小学，并为小伟制订了一套严格的计划，要求小伟每天放学回家不能看电视，做完作业后便背诵课文、诗词等。小伟7岁时，他干脆辞去教师的工作，专心在家教孩子，并带着小伟回到乡下父母家，开始对小伟进行封闭式的魔鬼训练。小伟只要犯一点错误，就会遭到他的打骂和惩罚。刚开始时，小伟对父亲还是很害怕的。但渐渐地，小伟便开始跟父亲对抗，心理变得越来越逆反。终于，在父亲的又一次打骂之后，偷偷地从家里拿了几千块钱便离家出走了。

在我们的身边，像小伟这样遭遇的孩子其实还有很多。但是，很多父母还是没有从中吸取教训，一而再、再而三地按照自己的意愿去要求孩子，结果使得类似的悲剧屡屡重演。或许很多父母会问，自己所做的一切都是为了孩子，但孩子为什么偏偏不领情呢？其实，问题恰恰就出在这"一切"上面，因为这"一切"剥夺了孩子的自由和权利，让孩子失去了自然成长的空间。这样一来，孩子不但无法成为天才，反而会因此而毁掉一生。这也正如爱因斯坦所说的那样："孩子生来就是天才，但往往在他们求知的岁月中，是错误的教育方式扼杀了他们的天赋。"

所以，为人父母者，在为儿女无私奉献的同时，更应该学会顺应孩子的天性，这样才能让孩子茁壮成长。

第十章
真的爱孩子，就要为孩子而改变

一位妈妈因为每天不得不辅导上小学的孩子写作业，为了消解掉负能量，她一时激愤就考了个小学教师资格证。一位妈妈为了能跟上时代，考了高中教师资格证、记者证、二级心理咨询师证、二级人力资源管理师证，现在正准备去大学当老师，并计划报考博士，和孩子一起进步。……现代的父母，为了孩子，也是豁出去了。我们也不得不承认，这些父母真的是好样的。但是，能够拥有这种条件的父母，毕竟是少数；大多数的父母，仍然每天为了家庭的生计而忙碌。而且，在我看来，逼迫自己去学习各种技能，虽然也是很好的方法，却不是最好的方法，因为我一直认为："三流的父母为孩子花钱，二流的父母为孩子学习，一流的父母为孩子改变。"我这里所说的改变，是心态和观念的彻底改变，因为只有这样，才能真正提升生命的品质。

孩子见到的最大世面是父母

20 多年前，我还在上中学的时候，曾经在某本杂志上读到这样一首诗，虽然这首诗的名字我已经忘了，但诗的内容，我仍然记得几句，大意是这样："告别童年的柳笛，告别多情的雨季，我们扬起青春的风帆，去见世面经风雨……世界上没有比人更高的山，世界上没有比脚更远的路。"可想而知，当时正值青春年华的我，在读到这样的诗句时，真的是心潮澎湃，恨不得马上就仗剑走天涯，去追寻自己的梦想。

然而，当我经历了人生的风风雨雨，尝遍了生活的酸甜苦辣之后，蓦然回首，才发现，一个孩子见到的最大世面，其实是父母！为什么这么说呢？因为父母是孩子认识世界的第一扇窗。父母给孩子从小看什么，孩子便会拥有什么样的眼界。在今后的人生中，孩子就是以这样的眼界去认识这个世界的，他的眼界有多宽，世界就有多宽。

有一位作家曾做过这样的总结："父母短视，孩子就是坐井观天的那只蛙；父母有远见，孩子就能坐在天上观井。"对此，我深以为然。

不久前，我到一位朋友家去做客，因为朋友博学多才，所以相谈甚欢，但让我印象最深的，却是他的孩子悦悦，虽然小悦悦才只有 10 岁，刚上小学三年级，却能够出口成章，唐诗宋词、经典名句，信手拈来，对历史的故事和典故，也相当熟悉。我在惊叹之余，忍不住向朋友请教："你这孩子太厉害了，你到底是怎么培养的？"

"怎么培养的？根本就没有培养！"朋友很坦率地回答。

"怎么可能没有培养，难道这孩子天生就这么优秀吗？"

"那倒不是，他其实也只是一个普通的孩子，只是从小跟我们一起生活，我们平常做什么，他也跟着做什么，有样学样罢了！"

虽然朋友说这句话时，显得轻描淡写，但在我听来，却有如醍醐灌顶，在我接触到的很多家长中，他们最关心的问题，可以说是惊人的一致，那就是怎样才能让孩子主动学习，他们虽然也给孩子买了很多书，但孩子却整天就想玩手机，对于书本，却连多看一眼都不愿意。

而我的这位朋友，他本身是一位学者，爱人是一位老师，两人都有每天阅读的习惯，所以家里有很多藏书，客厅、书房、卧室，等等，到处都是书，有文学类的、有哲学类的、有艺术类的、有科学类的，也有绘本和童话类的……只要你想读，随手就能拿到自己喜欢的书。

而朋友和他爱人的作息也相当规律，都是早睡早起。每天早上起来，首先做的一件事，就是看书；晚上睡觉前做的最后一件事，还是看书；平时没事的时候，一家人围坐在一起，仍然是看书，并轮流分享自己的心得。而不拘一格的小悦悦，在给父母讲书中的故事时，往往还会故意篡改故事情节，或者自己想出另一种结局，经常把全家逗得哈哈大笑。

而所有的这一切，并不是刻意而为，因为这些早已成为他们日常生活中的一种习惯，就像每天都需要吃饭那样自然。悦悦从一出生，就在这种氛围中长大，所以在他看来，读书就是一件自然而然的事，跟平时吃饭、呼吸一样，并没有什么区别。

从朋友家出来之后，我突然想起这几年比较流行的一个词——拼爹。其实，真正的拼爹，所拼的并不是父母有多大的权势，或者住多大的别墅，开多贵的名车，而是父母的观念、生活方式、思维方式、处世方式。也就是说，真正拼的，是父母的格局和眼界。

同时也使我想到，真正的教育，从来就不是点石成金的技巧，而是一场润物细无声的春风化雨，以及无为而无不为的不言之教。这就像一棵树摇曳另一棵树，一朵云推动另一朵云，一颗心唤醒另一颗心，尽管整个过程悄无声息，但引起的改变，却足以用"换了人间"来形容。

所以，父母的眼界，对孩子来说，实在是太重要了。真正好的父母，绝对不会因为眼前的蝇头小利，就去局限孩子未来的发展，而是用自己的行动去影响孩子，并鼓励孩子去见世面，把未来交到孩子的手中，让孩子能够拥有更宽的视野和更强的能力去选择自己想要的生活。

总之，最好的教育，其实是眼界教育。有远见的父母，从来不会让孩子故步自封，而是教他们看世界、品人间。

活成孩子的榜样

每一位父亲或母亲都知道自己是孩子的第一任教师，但如果我们问一下父母该怎么给孩子当好这第一任教师，说法就不一样了，有的会认为第一任教师就是督促孩子学好功课，孩子不懂的，讲给他听，不会做的，教给他做；孩子有缺点、错误，要批评他、教育他，孩子有优点、进步，要表扬他。这些固然是父母应该做的，但更为重要的，其实不是说教，而是做好榜样，因为榜样的力量是无穷的。

有一个人非常喜欢喝酒，平常不管忙闲，都要到附近的酒馆去喝上几杯，而且经常喝到半夜才醉醺醺地回家。

有一天，天空下起鹅毛大雪，积雪在路上铺了厚厚的一层。下班后，他和往常一样向酒馆走去，走着走着，他听到后面发出奇怪的声音。他回头一看，原来是刚刚放学回来的儿子。

儿子正顺着父亲的脚印走过来，他的小脸因为兴奋而涨得通红："爸爸你看，我正在踩着你的脚印呢！我的脚步也跟你的差不多大了！"

听了儿子的话，父亲心头一震，立刻意识到："如果我去酒馆，儿子顺着我的路走，也会找到酒馆的。"

于是，这位父亲马上改变了行走的路线，向家的方向走去。从那以后，他改掉了喝酒的习惯，再也没有去过酒馆。

在今天的生活中，这样的案例其实也是很普遍的。我们总是骂孩子不懂事，却忘记了孩子其实是在学我们的样子。试想一下，如果你经常酗酒，那么你的孩子可能也会成为酒鬼；如果你经常对父母发脾气，那么你的孩子也会经常对你发脾气；如果你不懂得尊重别人，那么你的孩子也不会尊重你。

其实，孩子从出生的那天起，就把自己的父母作为效仿的榜样，所以父母对孩子的示范作用是全方位、立体化的。具体来说，家长应该成为孩子高尚精神的榜样、崇高人格的榜样、多种能力的榜样、健康生活方式的榜样。总体来说，这些榜样主要概括为如下几点。

1. 正直高尚

如果你真的爱自己的孩子，就一定要让自己成为正直高尚的人，也就是不管在孩子看得到的地方，还是在孩子看不到的地方，都一定要严格要求自己。而在这方面，古人已经给我们做出了很好的榜样。

春秋时期，卫国的国君卫灵公，有一天晚上和夫人闲坐时，听见外面有辚辚的马车声，可是到了宫殿的大门口时，声音却停了，过了一会儿车马声才又响起来。

卫灵公于是便问夫人："你知道这个人是谁吗？"

夫人说："这是蘧伯玉。"

灵公问："你怎么知道？"

夫人说："从礼节上讲，在经过君王的宫殿大门时，要下车以表示尊敬。君子不会在大庭广众之下信誓旦旦，却在别人看不到的地方改变自己的操守。蘧伯玉是卫国品行端正的大夫，仁而有智，对国家尽忠职守。他不会因为没有人看见就忘记礼节的，所以应该是他了。"卫灵公于是便派人去问个明白，果然是蘧伯玉。

蘧伯玉的品质，正如《弟子规》所说的那样："执虚器，如执盈。入虚室，如有人。"也就是说，即使拿着空空的容器，也要像盛满东西时一样小心翼翼。即使走进无人的空房子，也要像主人在家中一样，注意自己的言行举止。而我们作为父母，如果在日常生活中，也能够像蘧伯玉一样，不论何时何地，都时刻警醒，努力提升自己的修养水平，实际上就是给孩子做出最好的榜样了。

2. 俭以养德

勤俭不但是中华民族的传统美德，同时也是立家之本，养德之基。所以，一个家庭尽管现在还很贫穷，但只要养成勤俭节约的习惯，也会逐渐变富；相反，一个家庭虽然很富裕，却不懂得节俭，就往往富不过三代。因此，真正有眼光的父母，不管自己获得多大的成就，也不管家里多有钱，都会养成勤俭节约的习惯。

居里夫人的选择是明智的，也正是这种节俭的精神，她不但成为一位杰出的科学者，在做人方面也成为后人学习的榜样。

3. 积极上进

积极上进不但让我们活得更有尊严，而且还会获得更多的尊重。更为重要的是，有积极上进的父母，就不会有拖后腿的孩子。

世界著名作家泰戈尔，小时候曾因学习不好被学校除名。泰戈尔的父亲为了教育好儿子，以自己的示范作用来影响儿子。每天早晨，父亲把泰戈尔叫醒后，父子俩一起背诵古诗。吃过早点之后，父亲就让泰戈尔坐下来，静静地听自己诵唱经文，然后一块儿去散步。散步时，父亲便给泰戈尔讲各种知识。回到家里后，又开始教泰戈尔读英文。晚上，父子又一块儿学习，父亲还经常以天为书，给泰戈尔讲一些初级的天文知识。随着学习的不断深入，泰戈尔的求知欲越来越浓，父亲把家里的藏书展示给泰戈尔，使泰戈尔饱览名著，并写出第一部诗剧。在父亲的精心引导下，泰戈尔经过自身努力，成为名扬世界的大文豪。

从这个故事中，我们知道泰戈尔从小就不是学校老师眼中的"好学生"，甚至还因为学习成绩不好而被学校开除。但尽管这样，他的父亲不但没有放弃他，而且还以身作则，教他如何积极上进，最后终于培养出了一位世界级的大文豪。可见，只要你不放弃，并且愿意走在前面，那么孩子就会释放出惊人的能量。

总之，父母在给孩子做榜样的过程，也是一个不断学习、不断反思、不断调整、不断发展的过程。所以，教育孩子的实质在于教育自己，而自我教育则是为人父母者影响孩子的最有力的方法。

做值得孩子信赖的父母

在孩子成长的过程中，父母一直起着独一无二的教导作用，一个孩子的性格变化过程，很大一部分都与父母的一举一动有着莫大的关系。因此，为人父母，在日常生活中，一定要起一个好的带头作用，这样才能帮助孩子健康快乐地成长，并赢得孩子的信赖。

1. 信赖在交流中产生

我们都知道，我们对孩子的爱，是通过交流表达出来的。很多父母会陷入这样一个误区，在孩子还很小的时候，尤其是刚出生的时候，孩子整天除了吃就是睡，也不会说话，于是认为这个时候就没有必要跟孩子进行语言上的交流，只要把孩子照顾好就可以了。毕竟孩子还什么都不懂，甚至连话都不会讲。但实际上，孩子的各种能力（包括语言能力和交流能力），虽然是在两三岁时才表现出来，但这种能力的形成期，却是在0~2岁这段时间。所以，真正懂得孩子心声的父母，不但在怀胎时就开始跟孩子进行交流，而且在孩子出生之后，更是进行频繁的交流，这种交流包括跟孩子说话，给孩子唱歌、读书、表演，等等。所以，我们千万不要认为孩子还小，什么都不懂，而错过了与孩子交流的黄金时期，这是非常遗憾的。可以说，在早期的时候，如果父母经常与孩子进行交流和互动，那么孩子很快就会拥有安全感，同时也会建立起对父母的信赖之情。

2. 从最基本的细节开始

父母想在孩子的心目中树立起高大的形象，并不是要每天对孩子进行说教，而是要从最基本的细节做起，比如给孩子洗澡、换尿布，等等。也许一些初为人父、初为人母者会感到奇怪："换尿布和教育孩子有什么关系呢？"其实，做好这些细节有助于你了解自己的孩子。可以说，给孩子换尿布、帮孩子洗澡、给孩子穿衣服、和孩子一起玩耍，所有的这些交流都有助于你"读懂"自己的孩子。在孩子刚出生的头两三年里，孩子大概需要换5000多次尿布，假如你帮他换了20%，那么你就有1000次机会与孩子进行交流。而到最后，你会发现所有的这些细节，都是一种愉快的体验，你会觉得自己是和孩子一起成长。

3. 让自己值得信赖

在关于教养子女的交谈中，我们发现爸爸们比妈妈们更关心对孩子的教育问题，并且对教育孩子也存在着更多的疑问。

有一次，我正在与一些新手父母谈论孩子的教育问题，当我问及关于教育孩子的问题，他们最想学到什么时，有些新手父亲回答说："在家里做一个权威人物。我要让孩子对我毕恭毕敬、服服帖帖。"我承认，父母应该是权威人物。但是，即便你是家里的顶梁柱，也并不意味着你理所当然地能够得到你想要的尊敬。有些父母认为小孩子必须听自己的话，道理很简单，因为"我是父母，你是孩子"。然而，事实却并非如此简单。孩子会服从他信赖的人，但这种信赖不会伴随着父亲这个头衔而自然地产生，它需要通过争取才能得到。也就是说，只有建立起真正的权威，孩子才会真正地信赖你。

总之，孩子是乖巧还是顽皮，很大程度上与父母的教育有着千丝万缕的关系，因此父母们一定要重视自己对孩子的引导作用，在平时的时候，多关注孩子，做好教育的本职工作，这样才能成为真正的好父母。

既要言传，也要身教

曾经听到这样一则小故事，故事发生在一所小学里。

一天，一位语文老师正在兴致勃勃地讲解课文，在教"志愿"这个新词时，老师让班上的同学各自说说自己长大后准备做什么。

学生们接二连三地说出各自的愿望：有人说，我长大后要当警察，把坏蛋统统抓起来；有人说，我长大后要当律师，伸张正义；有人说，我长大后要当工程师，建筑高楼大厦；也有人说，我长大后要当商人，赚很多钱来孝敬爸爸妈妈……显然，每个同学都有自己远大的志向。老师听了学生们的这些志向之后，脸上绽开了一朵花，笑吟吟地对孩子们说："很好，你们长大后都能做个有出息的人！"

不料，就在这时，角落里的一个男生举手发言："老师，我长大后也要当老师。"老师听了，心中不胜欢喜，忙进一步问道："你为什么要当老师？"没想到学生的一句话，像一盆冷水浇在老师的头上："将来我当了老师，就可以随便骂人，还可以拿尺子打人！"

看完这个故事，我们在苦笑的同时，不免陷入了沉思。而作为父母，我们实际上也是孩子的老师，而且与孩子离得更近，自己的一言一行更容易影响到孩子。其实，每一位家长都知道"身教胜于言传"这句金玉良言，也都明白"榜样的力量是无穷的"这个道理，但是知易行难。在真正的实践中，却往往只注重言传，而忽略了身教的作用，甚至在面对自己调皮捣蛋的孩子时，因恨铁不成钢的心理，恨不得用世上最难听的语言来批评孩子，却不承想，教育一旦缺少了鼓励和赞扬，那就不适合孩子的心理要求，反而会让孩子背道而驰。

那么，父母如何在对孩子进行言传的同时，也实施身教呢？

1. 与孩子建立亲密的关系

父母只有具备亲和力，才能与孩子建立起亲密的关系，让孩子在愉悦中不知不觉地接受教育、熏陶。那么，父母的亲和力主要表现在哪里呢？我想，应该体现在生活中的一些小细节当中，比如说话语气、面部表情，等等，这些小细节会直接影响孩子对父母的看法。而当父母具有亲和力之后，就可以发挥个人的魅力，吸引孩子不知不觉地模仿，达到潜移默化的效果。

2. 多用肯定与激励的语言

父母在教育孩子时，如果能从孩子的长处着眼，注重对孩子的激励与赏识，那么教育的结果一定是事半功倍。我们都知道，每一个人都期待别人给予各方面的赞许和奖励，这是现实生活中普遍存在一种心理现象，这种"期望效应"的成效，已经在美国心理学家罗森塔尔所进行的实验中得到了验证。而在孩子的眼中，父母对自己的赞赏就是最好的奖品。所以在语言的运用上，父母应该创设积极向上、和谐快乐的语言环境，不随便责怪孩子，不轻易贬低孩子的能力，更不能伤害孩子的自尊心或人格。即使孩子犯了错误，也应该先细致地分析，了解这些错误是有意的行为还是无意的过失；是偶然犯错还是一贯犯错；犯错可有什么导火线以及当时的情绪状态如何，等等。只有根据孩子的不同心理特征和心理状态，讲究技巧，有针对性地进行批评，才能让孩子心悦诚服地接受，并欣然改之。

3. 注意自身的一言一行

孔子说过："不能正其身，如正人何？""其身正，不令而行；其身不正，虽令不从。"从孔子的这些话中，我们可以看出，作为国家的统治者，如果他们自身不端正，那么他们想要让自己统治的百姓变得纯朴，并拥护他们的统治，那是不可能的。同样的道理，作为父母，如果自身的行为不端正，却想让自己的孩子成为一个好孩子，恐怕也难做到，因为父母对孩子的影响是全方位的。所以，在日常的生活和工作中，不管是不是在孩子面前，也不管孩子有没有看到，父母都应该时刻端正自己的行为，注意自身的一言一行。当我们做到这些之后，那么我们对孩子的教育，就可以达到事半功倍的效果。

让孩子为你而骄傲

当孩子为自己的父母而骄傲时，自然就会以父母的准则为自己的准则，以父母的要求为自己的要求，以父母的标准为自己的标准。而且，孩子这样做，完全是自愿的，没有任何人强迫他。当然了，要成为这样的父母，也并非那么容易，至少要做到如下几点，才会有一些把握。

1. 做有格局的父母

有人说，如今是一个"拼爹"的时代，但是，我们所拼的，并不是父母有多少钱，有多少关系，或者能够买多大的房子，而是父母的格局。可以说，父母的格局越高，眼界越开阔，那么他们给孩子未来奠定的基础就越好。

其实，孩子之所以不听话，错误真的不在孩子，而是在于父母的价值观和行为方式出现了问题。我们可以试想一下，如果父母一边玩手机，一边催促孩子赶快写作业；一边向别人炫耀自己花了多少钱搞定了老师，一边又要求孩子做人要正直；一边怨天尤人，一边让孩子积极乐观；一边斤斤计较，一边让孩子大度包容……那么，孩子会听从父母的教导吗？要知道，孩子的眼睛是雪亮的，父母的一举一动，都逃不过他的眼睛。所以，真正有格局的父母，不但要有正确的价值观，而且要言行一致，表里如一。

2. 夫妻和睦相处

在家庭中，父母是最应该遵守原则的，因为父母是家庭的组织者，是家庭的核心力量。所以，作为父母，双方都有义务和责任营造出良好的家庭氛围，让每个家庭成员都能够和睦相处、相亲相爱、互谅互让。当发生矛盾或摩擦时，父母双方要心平气和地讲明道理，妥善处理。而父母为家庭所做的一切，孩子自然也会看在眼里，并感受到父母对自己深深的爱意。

3. 言行积极向上

如果父母的言行中总是表现出一种积极向上、勤奋敬业的精神，孜孜不倦地学习，认认真真地做事，自然就会在无形中用自己的行动给孩子树立起一个很好的榜样。在这种榜样力量的带动下，孩子也就会学着父母的样子，认真读书学习，并养成耐心、细致的习惯和积极向上的精神。

4. 遵守社会公德

在日常生活中，我们经常会看到这样的场景：带着孩子的家长站在马路边，左右看看，觉得路上行驶的车辆离自己还很远，就不顾红灯，拉着孩子就冲过马路；孩子吃完香蕉后，手中拿着香蕉皮，正东张西望找垃圾桶，家长却一把抢过香蕉皮，随手扔进草丛里；家长骑着电动车，孩子坐在后座上，驶入机动车道，无视交规……可以说，这样的家长是很难为孩子树立起一个好榜样的。

其实，这本是大家都应该遵守的公共秩序，但一些家长却曲解了秩序的意义，把秩序当成一种束缚，甚至把破坏社会秩序看作一种勇敢的行为，这实在是严重地误导了孩子。

所以，在公共场所中，家长应该给孩子树立起遵守公共秩序的榜样。比如，游览文物古迹时，不乱涂乱画；在公园里散步时，要爱护环境卫生，不大声喧哗、打闹，等等。

实际上，在我们的日常生活中，处处都存在着秩序：乘车有先下后上的秩序，就诊有先来后到的秩序，就餐有排队的秩序，过马路有红灯停、绿灯行的秩序，公共场所有不随地吐痰、不乱扔东西的秩序，图书馆有保持安静、爱护书籍的秩序……正因为这些秩序的存在，我们头绪纷繁的生活才变得有条不紊、井然有序，而不是乱成一锅粥、一团麻。

总之，遵守公共秩序是公德心的体现，受益的则是广大公众，也包括我们自己。现代社会，遵守公共秩序也是一个人基本素质、涵养的体现，这些基本的规范，家长有必要让孩子从小接受教育，自觉遵守，并形成习惯。

乐观，是孩子人生的导航

乐观的心态是孩子的强大精神支柱，对孩子的健康成长具有积极的意义，并能让孩子拥有一个幸福快乐的人生。但是，孩子乐观的性格不是天生就有的，而是需要父母悉心培养的。

在现实生活中，我们经常发现，孩子的情绪变化直接影响着其求知欲、智力和上进心的发展。举个例子：有两个同在一个班级学习电子琴的孩子，其中一个孩子的家长经常用鼓励的方式来激发他练琴的兴趣，这个孩子取得了很大的进步，而且越来越喜欢电子琴；另一个孩子的家长由于急于求成，一旦发现孩子练琴的时候不专心，就开始斥责孩子，让孩子产生了压力，导致情绪紧张，最后练不下去，只好半途而废。由此，我们不难看出，要想培养孩子的乐观性格，父母首先要懂得宽容孩子，并学会鼓励孩子。

1. 用乐观的态度感染孩子

调查显示，约有 80% 的悲观者，其父母至少有一方的生活态度是悲观消极的。因此，父母要想帮助孩子树立起积极乐观的人生态度，就要用自身的乐观态度去感染孩子。

家庭是孩子的第一成长环境，也是孩子的心灵接受熏陶的场所。父母乐观的处世态度就是孩子最好的教科书。所以，家长要从自身做起，做积极乐观的父母，为孩子营造出一种积极乐观的家庭氛围，这对培养孩子的积极乐观心态是很有益的。

2. 帮助孩子调整心态

积极的心态虽然无法保证孩子一定会取得成功，却是成功的先决条件。所以，只要孩子拥有积极的心态，乐观地面对生活，在困境面前永不退缩，迎难而上，那么孩子离成功就会越来越近。当然，要培养孩子乐观积极的心态，也不是一朝一夕的事，而是要通过父母和孩子长期的共同努力，才能让积极的心态成为孩子性格的一部分。其中最主要的，是父母要保持对生活的激情，这些主要体现在每天认真地工作、积极地学习，并树立起终生奋斗的观念。孩子在父母这种积极心态的影响下，自然就不甘落后，毕竟孩子的精力和记忆力都在父母之上，只要把孩子的潜力激发出来，那么孩子的进步，就可以用"神速"来形容了。

3. 让孩子学会自我调节

孩子在成长的过程中，面临一些压力，甚至出现一些心理问题，都是很正常的。而最有效的解决方法，就是让孩子学会自我调节，作为父母，能够做的，就是对孩子进行积极的引导，比如给孩子一些正面的心理暗示。一般情况下，孩子的压力主要来自于学习方面，比如即将面临中考、高考等；而心理问题基本上与孩子所处的环境有关，比如学校的氛围不好，或者与老师、同学的关系出现了问题。对于这些情况，父母可以引导孩子学习一些简单有效的心理学常识，并结合孩子所面临的具体问题，帮助孩子总结出一套切实可行的自我调节法。同时，要鼓励孩子把闷在心里的话说出来，只要孩子愿意跟父母交流，那么孩子的自我调节就成功了一半。所以，父母在日常生活中，要以平等的身份与孩子相处，既要尊重孩子，也要主动与孩子交流。这样，孩子在面临压力或出现心理问题的时候，才愿意跟父母说。

4. 鼓励孩子多交朋友

如果孩子不善于交际，享受不到和他人相处的快乐，性格大多会比较内向，如果严重的话，往往还会导致抑郁。所以，父母要鼓励孩子走出去，多结交一些性格开朗和乐观的朋友。当然，父母本身要时刻保持与人为善，这样才有助于孩子与他人的融洽交往。

父母还可以带孩子多参加一些活动，让孩子接触不同的人，学会和不同的人打交道，还可以邀请孩子的朋友来家里做客。久而久之，孩子的性格就会变得越来越开朗和乐观，并主动与别人交往了。

5. 让孩子保持一颗平常心

现在的孩子大多是在温室里长大的，经历的风雨不多，一遇到困难就不知所措。所以，父母应该让孩子多接触各类事物，接触的事情多了，孩子的心胸自然就开阔了，悲观的思想也就不容易产生了。

父母要让孩子积极参加各种活动，并让孩子明白，每个人都会遇到困难和挫折，关键是要以一颗平常心去面对，只要孩子对待事情的心态平和了，自然就能够坦然地面对一切，并在解决困难和抗击挫折的过程中，让自己变得更加强大。

6. 避免孩子过于乐观

乐观者与悲观者之间的差别是很有趣的。通常情况下，同样是面对半杯水，乐观者看到水杯里还有一半水，悲观者看到水杯里已经少了一半水。但是，如果孩子过于乐观，也往往会导致过于自负，或骄傲自大，这样也不利于孩子的成长和发展。所以，父母要适时地提醒孩子客观地估计自己的能力，合理制订自己的计划，做个适度乐观的孩子。只有这样，才能让孩子拥有更多的健康和快乐。

总之，乐观是心胸宽阔、勇于面对现实、正确对待顺境与逆境、充满自信、有幽默感等多种素质的综合表现。俗话说"人生不如意事十之八九"，但只要拥有乐观的心态，那么不管是万事如意，还是诸事不顺，都是人生的财富。所以，作为父母，我们首先要让自己积极乐观地面对人生的风雨，以及人生的坎坷，这样才能潜移默化地影响孩子，让孩子也成为一个积极乐观的人。